Aus uralter Zeit
Sagen vom Land zwischen Schönbuch,
Schurwald und Alb

Der Esslinger Postmichel

Wenn man früher in Stuttgart die alte Esslinger Steige hinaufging, dann kam man an einem Steinkreuz vorbei. Die Stuttgarter nannten es das Postmichelkreuz, und es soll schon vor nahezu fünfhundert Jahren aufgerichtet worden sein zum Gedenken an eine schreckliche Bluttat, die sich an jenem Ort zugetragen hatte.

Drüben im nahen Esslingen lebte Herr Amandus von Marchthaler, ein wohlangesehener Junggeselle, reich an Gütern und doch ein freundlicher und fröhlicher Mensch. Er hatte seine verwitwete Schwester, Frau von Welzh, mit ihrem Söhnlein zu sich genommen, und die beiden, aus einfachen Verhältnissen kommend, führten bei ihm ein gar behagliches und sorgloses Leben. Als die Schwester starb, nahm sich Herr Amandus seines Neffen an und gelobte, ihm wie ein Vater zu sein und ihn als Erben einzusetzen. Matthäus war seinem Onkel von ganzem Herzen zugetan, wußte er doch, daß er all sein Glück und eine sorgenfreie Zukunft ihm zu verdanken hatte. Er wuchs heran und wurde ein flotter junger Bursche, der oft zu Tanz und Spiel ging und die Wirtshäuser fleißig besuchte. Der Onkel nahm ihm dies nicht übel, war er doch selbst gerne unter fröhlichen und lebenslustigen Menschen.

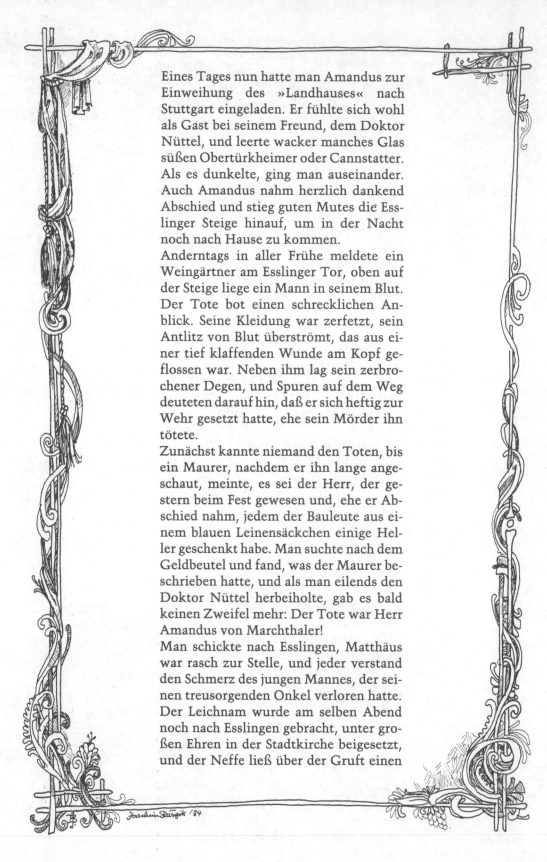

Eines Tages nun hatte man Amandus zur Einweihung des »Landhauses« nach Stuttgart eingeladen. Er fühlte sich wohl als Gast bei seinem Freund, dem Doktor Nüttel, und leerte wacker manches Glas süßen Obertürkheimer oder Cannstatter. Als es dunkelte, ging man auseinander. Auch Amandus nahm herzlich dankend Abschied und stieg guten Mutes die Esslinger Steige hinauf, um in der Nacht noch nach Hause zu kommen.

Anderntags in aller Frühe meldete ein Weingärtner am Esslinger Tor, oben auf der Steige liege ein Mann in seinem Blut. Der Tote bot einen schrecklichen Anblick. Seine Kleidung war zerfetzt, sein Antlitz von Blut überströmt, das aus einer tief klaffenden Wunde am Kopf geflossen war. Neben ihm lag sein zerbrochener Degen, und Spuren auf dem Weg deuteten darauf hin, daß er sich heftig zur Wehr gesetzt hatte, ehe sein Mörder ihn tötete.

Zunächst kannte niemand den Toten, bis ein Maurer, nachdem er ihn lange angeschaut, meinte, es sei der Herr, der gestern beim Fest gewesen und, ehe er Abschied nahm, jedem der Bauleute aus einem blauen Leinensäckchen einige Heller geschenkt habe. Man suchte nach dem Geldbeutel und fand, was der Maurer beschrieben hatte, und als man eilends den Doktor Nüttel herbeiholte, gab es bald keinen Zweifel mehr: Der Tote war Herr Amandus von Marchthaler!

Man schickte nach Esslingen, Matthäus war rasch zur Stelle, und jeder verstand den Schmerz des jungen Mannes, der seinen treusorgenden Onkel verloren hatte: Der Leichnam wurde am selben Abend noch nach Esslingen gebracht, unter großen Ehren in der Stadtkirche beigesetzt, und der Neffe ließ über der Gruft einen

Gedenkstein anbringen, auf dem geschrieben stand, wie Amandus zu Tode gekommen war.

Indessen suchte man in Stuttgart den Mörder zu finden. Verdächtige wurden festgenommen, befragt, gefoltert, aber keinem konnte man die Tat nachweisen. Die Zeit verging, und nach zwei Jahren hatten die meisten den Mord vergessen. Nun geschah es, daß eines Tages der Postreiter Michel Banhard, als er die letzte Höhe gegen Stuttgart hinaufritt, am Wegrand in der Morgensonne etwas glitzern sah. Er stieg vom Pferd und fand im Grase einen goldenen Ring. Nachdem er die Kostbarkeit betrachtet hatte, steckte er sie in die Tasche und ritt weiter. Aber er konnte es nicht lassen, das Schmuckstück immer wieder hervorzuziehen und zu bewundern. Und er unterließ es zunächst auch, seinen Fund zu melden, um sich an ihm noch einige Zeit erfreuen zu können. Als Michel nun in der Botenherberge in Esslingen mit anderen Knechten beim Wein saß, fiel einem auf, welche Kostbarkeit der Postreiter da am Finger trug, und er erinnerte sich, den Ring beim Herrn von Marchthaler einst gesehen zu haben. Michel spürte den Blick des anderen, stand auf, streifte den Ring vom Finger und wollte hinausgehen, da trat man ihm in den Weg und rief die Wache. Nun half alles Erklären und Beteuern nichts, Michel kam in den Turm.

Als er vor den Richter geführt und des Mordes an Herrn von Marchthaler beschuldigt wurde, blieb er bei seiner Aussage, den Ring erst vor kurzem gefunden zu haben. Man drohte ihm, zeigte ihm die Folterwerkzeuge und begann ihn schließlich zu martern und zu quälen, doch Michel beteuerte weiterhin seine Unschuld. Da renkte man ihm die Glieder aus den Gelenken und ließ brennendes Pech auf seine Haut tropfen. Seine Schmerzen waren so groß, daß es in der Stadt keinen Winkel gab, in dem man nicht sein Schreien hörte. Der Knecht bat, daß man ihn endlich von seinen Qualen erlösen möge, aber er verweigerte ein Geständnis. Zuletzt jedoch, als die Schmerzen ihn so entstellt und verstört hatten, daß ihn seine eigene Mutter nicht mehr erkannte, flehte er, seinem armseligen Dasein ein Ende zu machen, und er bekannte alles, was man erwartete.

Das Todesurteil wurde gefällt, der Scharfrichter von Stuttgart geholt. Auf dem Weg zum Richtplatz kam der traurige Zug am Hause Marchthalers vorbei. Da sah Michel den jungen Herrn Matthäus, den reichen Erben des Ermordeten, zufrieden lächelnd auf ihn herabblicken. Er hielt inne und rief hinauf: »Ihr schaut lachend zu, wie ich unschuldig sterbe.

Und Ihr habt keinen Finger gerührt, obwohl Ihr am besten wißt, daß ich der Mörder nicht bin! So wisset auch: Was Ihr von heutiger Stunde an tut, wo Ihr seid in Lust und Leid, soll Euch nachgehen mein unschuldig Leiden und Sterben! Ich will Euch zum Abschied noch ein Stücklein blasen, damit Ihr meiner nimmer vergeßt.«

Und Michel hob sein Horn an die Lippen und blies eine Weise, so leicht und froh, als ginge es zum Tanz und nicht zum Richtplatz. Der droben blickte seine Braut an, die neben ihm stand, und erbleichte. Ein eisiger Schauder erfaßte ihn, aber er tat ganz unbeteiligt, damit alle sahen, daß ihn das Gerede eines Wahnsinnigen nicht berührte.

Als der Zug beim Richtplatz ankam, stieg Michel auf das Gerüst. Man wollte ihm sein Horn nehmen, doch er bat: »Laßt es mir, damit ich noch einmal hineinstoße, ehe ich sterbe.« Und zum Richter gewandt, fuhr er fort: »Ich bin unschuldig, und auch dir werde ich nach meinem Tod keine Ruhe lassen. Jedes Jahr in der Michelsnacht werde ich vor deinem Hause in Stuttgart blasen, bis der wahre Mörder gefunden ist, für den ich gelitten habe.« Er griff nach dem Horn, da schlug der Scharfrichter zu, und Michels Kopf rollte in den Sand. Im selben Augenblick aber war's, als ob auf der Straße nach Stuttgart ein Reiter trabte und der Klang des Posthorns herüberhallte, bis er sich langsam zwischen den Bergen verlor. Alles schwieg entsetzt still, und auch den Henker schauderte.

Er nahm Roß und Horn des Toten und zog nachdenklich heimwärts nach Stuttgart. Das Posthorn hängte er über seine Lagerstatt, das Rößlein führte er in den Stall und fütterte es reichlich, aber es weigerte sich zu fressen und starb nach sechs Tagen.

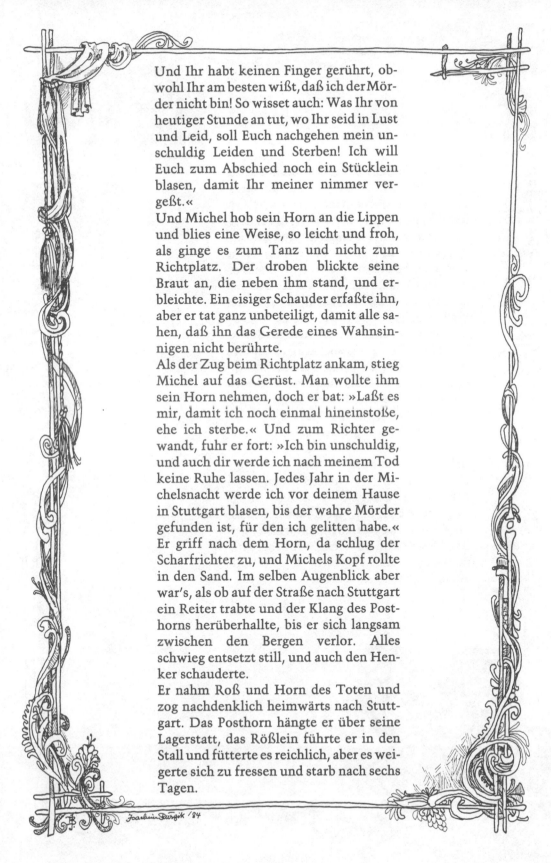

Das Leben ging weiter, und immer seltener dachte man an das grausige Ereignis. Als aber im September der Michelstag kam, da hörte um Mitternacht der Scharfrichter vor seinem Haus in Stuttgart ein Roß traben. Es hielt vor der Tür, und eine ihm wohlbekannte Weise wurde auf einem Horn geblasen. Und als der Henker schreckensbleich aus dem Fenster blickte, sah er den Michel, der da, auf seinem Rößlein sitzend, sein lustiges Stücklein blies. Den Kopf aber trug er unterm Arm. Nach einer Weile zerfloß die Erscheinung wie Nebel, den der Wind forttreibt, und in der Ferne, Esslingen zu, hörte man verhallenden Hufschlag.

Der junge Herr Matthäus hatte in dieser Nacht nicht einschlafen können. Plötzlich vernahm auch er des Postreiters Horn und sah mit Entsetzen den toten Michel über den Hof reiten. Anderntags raffte er in aller Eile Hab und Gut zusammen und reiste fort, niemand wußte, wohin. Den Leichnam seiner Braut aber fand man einige Zeit später in den Neckarauen. Sie hatte sich ertränkt.

Nach vielen, vielen Jahren, als kaum jemand mehr etwas vom Postmichel und seinem traurigen Ende wußte, kam auf ärmlichem Fuhrwerk ein uralter Greis in die Stadt und nahm Quartier im Spital. Er lebte still und zurückgezogen, besuchte oft die Kirche, wo man ihn dann vor dem Gedenkstein Marchthalers fand, und ging auch hinaus zum Richtplatz, um dort zu beten. Allmählich sprach sich herum, das Männlein sei recht wunderlich, laufe des Nachts im Zimmer umher, statt zu schlafen, und rede mit sich selber. Es schien, als habe der Greis Angst, als fürchte er um sein Leben, und immer öfter stieß er entsetzliche Laute aus und schrie um Hilfe. Kam man dann in sein Zimmer, so fand man das Männlein unter dem Ofen oder dem Bett, wohin es sich zitternd verkrochen hatte.

Je näher der Michelstag kam, desto schlimmer wurde es mit dem Fremden. In der Nacht zuvor war seine Angst so entsetzlich, daß jedermann Mitleid mit ihm hatte, und man hörte sein Klagen und Jammern sogar auf der Gasse. Als es aber Mitternacht schlug, vernahm man im Spitalhof ein seltsames Blasen. Viele wachten auf und rannten zum Fenster. Da ritt langsam ein dunkler Reiter auf einem weißen Roß über den Hof, den Kopf unterm Arm.

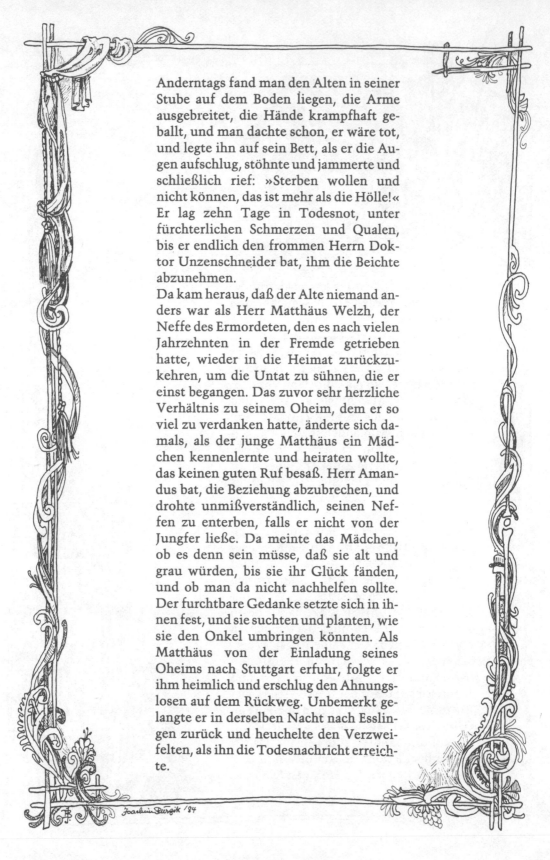

Anderntags fand man den Alten in seiner Stube auf dem Boden liegen, die Arme ausgebreitet, die Hände krampfhaft geballt, und man dachte schon, er wäre tot, und legte ihn auf sein Bett, als er die Augen aufschlug, stöhnte und jammerte und schließlich rief: »Sterben wollen und nicht können, das ist mehr als die Hölle!« Er lag zehn Tage in Todesnot, unter fürchterlichen Schmerzen und Qualen, bis er endlich den frommen Herrn Doktor Unzenschneider bat, ihm die Beichte abzunehmen.

Da kam heraus, daß der Alte niemand anders war als Herr Matthäus Welzh, der Neffe des Ermordeten, den es nach vielen Jahrzehnten in der Fremde getrieben hatte, wieder in die Heimat zurückzukehren, um die Untat zu sühnen, die er einst begangen. Das zuvor sehr herzliche Verhältnis zu seinem Oheim, dem er so viel zu verdanken hatte, änderte sich damals, als der junge Matthäus ein Mädchen kennenlernte und heiraten wollte, das keinen guten Ruf besaß. Herr Amandus bat, die Beziehung abzubrechen, und drohte unmißverständlich, seinen Neffen zu enterben, falls er nicht von der Jungfer ließe. Da meinte das Mädchen, ob es denn sein müsse, daß sie alt und grau würden, bis sie ihr Glück fänden, und ob man da nicht nachhelfen sollte. Der furchtbare Gedanke setzte sich in ihnen fest, und sie suchten und planten, wie sie den Onkel umbringen könnten. Als Matthäus von der Einladung seines Oheims nach Stuttgart erfuhr, folgte er ihm heimlich und erschlug den Ahnungslosen auf dem Rückweg. Unbemerkt gelangte er in derselben Nacht nach Esslingen zurück und heuchelte den Verzweifelten, als ihn die Todesnachricht erreichte.

Der Pfarrer war bestürzt über das Geständnis des Unglücklichen. Diesen aber hatte es die letzten Kräfte gekostet, sein Gewissen zu erleichtern, und er verschied bald darauf. Den Michel indeß hat man seither nie mehr gesehen und gehört. Ihm zum Gedenken errichteten die Esslinger 1916 auf der Oberen Ritterstraße den Postmichelbrunnen.

Das Krokodil im Spitalkeller

Im Spitalkeller zu Esslingen soll sich schon mancherlei Geheuerliches und Ungeheuerliches ereignet haben. Mag es die Düsternis des großen Raums, der Duft des gärenden Weins oder der Genuß des Getränks selbst gewesen sein, die Küfergesellen behaupteten, einer der Ihren sei von einem leibhaftigen Krokodil gefressen worden. Nur seine blutbefleckte Schürze habe es übriggelassen. Als die Stadtknechte der Sache nachgingen, berichteten sie, sie hätten tatsächlich im Schlamm des Gewässers unterhalb des Kellers ein Untier entdeckt, ein fürchterlich großes Ungeheuer mit feurig glotzenden Augen und Stacheln auf dem Rücken. Seinem offenen Rachen sei schwefliger Rauch entquollen und habe einen solchen Gestank verbreitet, daß sie beinahe erstickt wären.

Der Rat war in Sorge, das Tier könnte aus dem Keller emporsteigen und noch mehr Schaden anrichten. Deshalb ließ er von einigen beherzten Männern schnell die Eingänge zumauern. Seither hörte man nichts mehr von einem Krokodil in der Esslinger Unterwelt.

Das schwarze Keltermännle

Das Kielmeyersche Haus am Markt zu Esslingen gehörte einst zum Spital. Daran erinnert das Wappen – es stellt die heilige Katharina dar – an der Südseite des Hauses. Aber nur wenige Betrachter bemerken ein zweites Bildwerk an diesem Gebäude, ein kleines schwarzes Männlein, häßlich und plump, das unter dem Steingesims des ersten Stocks hockt und bösartig auf die Vorübergehenden herabglotzt. Es trägt ein Schild mit der Jahreszahl 1582. Die Hausbewohner nennen es ihr Teufele, und tatsächlich gehörte der Kobold zu der Kelter, die hier einmal ihren Platz hatte. Über diesen Keltergeist wird folgendes berichtet:

Es war vor mehr als vierhundert Jahren, zu der Zeit der Weinlese. Da die Ernte reichlich ausfiel und jedermann genug zu arbeiten und zu verdienen hatte, war man guter Dinge. Zudem hatte das Spital nach der Reformation durch die Einziehung der Klostergüter seinen Grundbesitz ungeheuer vergrößern können, und Trauben gab es heuer in solchem Überfluß, daß es keiner mit der Ehrlichkeit so genau

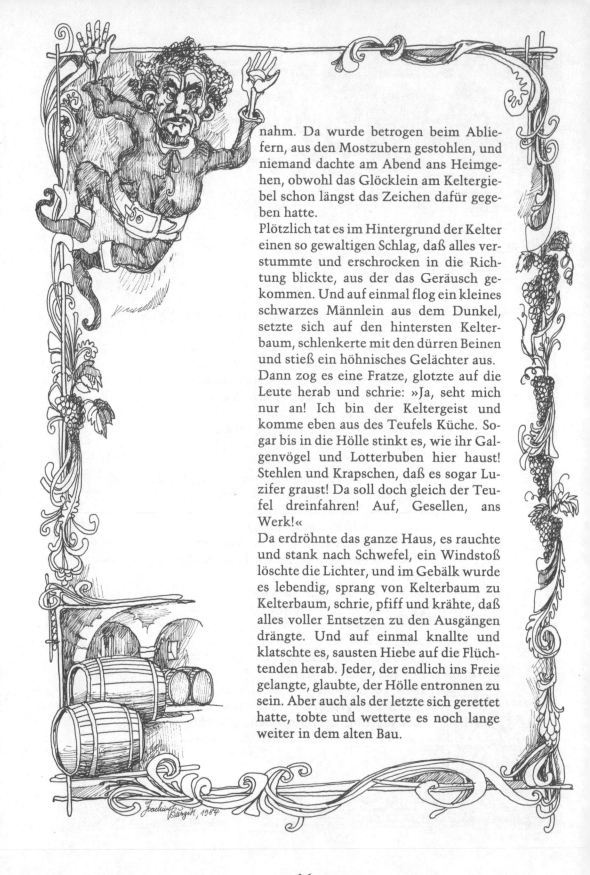

nahm. Da wurde betrogen beim Abliefern, aus den Mostzubern gestohlen, und niemand dachte am Abend ans Heimgehen, obwohl das Glöcklein am Keltergiebel schon längst das Zeichen dafür gegeben hatte.

Plötzlich tat es im Hintergrund der Kelter einen so gewaltigen Schlag, daß alles verstummte und erschrocken in die Richtung blickte, aus der das Geräusch gekommen. Und auf einmal flog ein kleines schwarzes Männlein aus dem Dunkel, setzte sich auf den hintersten Kelterbaum, schlenkerte mit den dürren Beinen und stieß ein höhnisches Gelächter aus. Dann zog es eine Fratze, glotzte auf die Leute herab und schrie: »Ja, seht mich nur an! Ich bin der Keltergeist und komme eben aus des Teufels Küche. Sogar bis in die Hölle stinkt es, wie ihr Galgenvögel und Lotterbuben hier haust! Stehlen und Krapschen, daß es sogar Luzifer graust! Da soll doch gleich der Teufel dreinfahren! Auf, Gesellen, ans Werk!«

Da erdröhnte das ganze Haus, es rauchte und stank nach Schwefel, ein Windstoß löschte die Lichter, und im Gebälk wurde es lebendig, sprang von Kelterbaum zu Kelterbaum, schrie, pfiff und krähte, daß alles voller Entsetzen zu den Ausgängen drängte. Und auf einmal knallte und klatschte es, sausten Hiebe auf die Flüchtenden herab. Jeder, der endlich ins Freie gelangte, glaubte, der Hölle entronnen zu sein. Aber auch als der letzte sich gerettet hatte, tobte und wetterte es noch lange weiter in dem alten Bau.

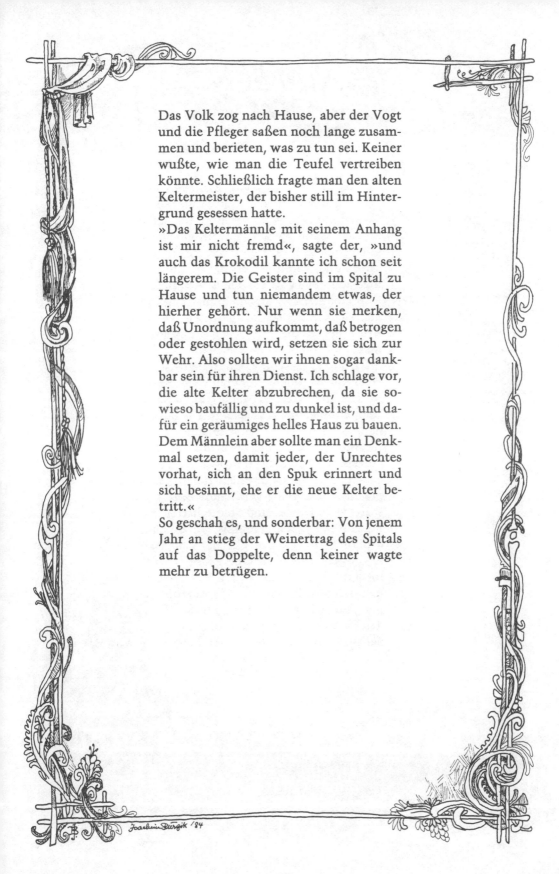

Das Volk zog nach Hause, aber der Vogt und die Pfleger saßen noch lange zusammen und berieten, was zu tun sei. Keiner wußte, wie man die Teufel vertreiben könnte. Schließlich fragte man den alten Keltermeister, der bisher still im Hintergrund gesessen hatte.

»Das Keltermännle mit seinem Anhang ist mir nicht fremd«, sagte der, »und auch das Krokodil kannte ich schon seit längerem. Die Geister sind im Spital zu Hause und tun niemandem etwas, der hierher gehört. Nur wenn sie merken, daß Unordnung aufkommt, daß betrogen oder gestohlen wird, setzen sie sich zur Wehr. Also sollten wir ihnen sogar dankbar sein für ihren Dienst. Ich schlage vor, die alte Kelter abzubrechen, da sie sowieso baufällig und zu dunkel ist, und dafür ein geräumiges helles Haus zu bauen. Dem Männlein aber sollte man ein Denkmal setzen, damit jeder, der Unrechtes vorhat, sich an den Spuk erinnert und sich besinnt, ehe er die neue Kelter betritt.«

So geschah es, und sonderbar: Von jenem Jahr an stieg der Weinertrag des Spitals auf das Doppelte, denn keiner wagte mehr zu betrügen.

Das Mädchen von Esslingen

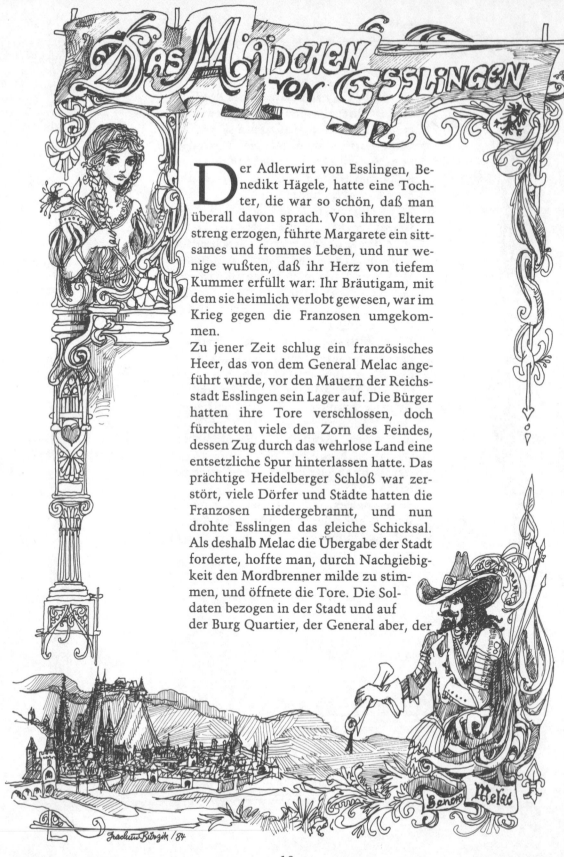

Der Adlerwirt von Esslingen, Benedikt Hägele, hatte eine Tochter, die war so schön, daß man überall davon sprach. Von ihren Eltern streng erzogen, führte Margarete ein sittsames und frommes Leben, und nur wenige wußten, daß ihr Herz von tiefem Kummer erfüllt war: Ihr Bräutigam, mit dem sie heimlich verlobt gewesen, war im Krieg gegen die Franzosen umgekommen.

Zu jener Zeit schlug ein französisches Heer, das von dem General Melac angeführt wurde, vor den Mauern der Reichsstadt Esslingen sein Lager auf. Die Bürger hatten ihre Tore verschlossen, doch fürchteten viele den Zorn des Feindes, dessen Zug durch das wehrlose Land eine entsetzliche Spur hinterlassen hatte. Das prächtige Heidelberger Schloß war zerstört, viele Dörfer und Städte hatten die Franzosen niedergebrannt, und nun drohte Esslingen das gleiche Schicksal. Als deshalb Melac die Übergabe der Stadt forderte, hoffte man, durch Nachgiebigkeit den Mordbrenner milde zu stimmen, und öffnete die Tore. Die Soldaten bezogen in der Stadt und auf der Burg Quartier, der General aber, der

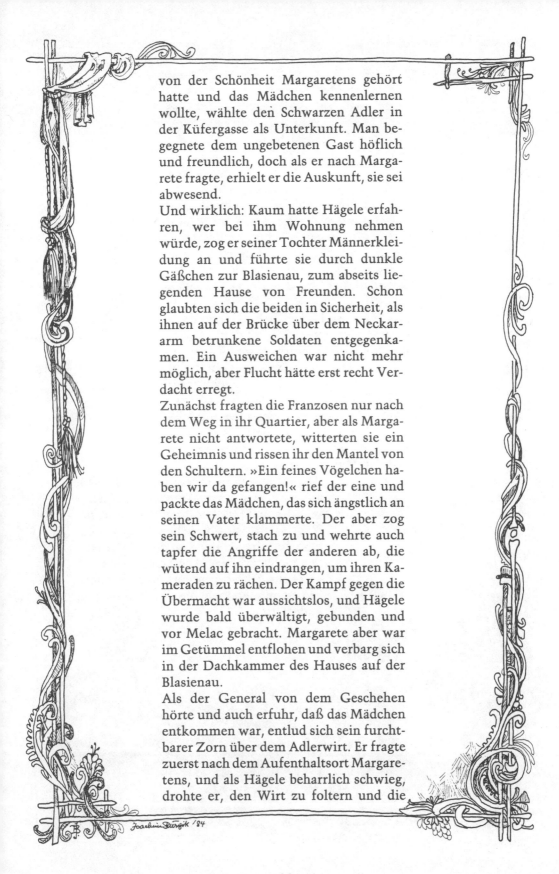

von der Schönheit Margaretens gehört hatte und das Mädchen kennenlernen wollte, wählte den Schwarzen Adler in der Küfergasse als Unterkunft. Man begegnete dem ungebetenen Gast höflich und freundlich, doch als er nach Margarete fragte, erhielt er die Auskunft, sie sei abwesend.

Und wirklich: Kaum hatte Hägele erfahren, wer bei ihm Wohnung nehmen würde, zog er seiner Tochter Männerkleidung an und führte sie durch dunkle Gäßchen zur Blasienau, zum abseits liegenden Hause von Freunden. Schon glaubten sich die beiden in Sicherheit, als ihnen auf der Brücke über dem Neckararm betrunkene Soldaten entgegenkamen. Ein Ausweichen war nicht mehr möglich, aber Flucht hätte erst recht Verdacht erregt.

Zunächst fragten die Franzosen nur nach dem Weg in ihr Quartier, aber als Margarete nicht antwortete, witterten sie ein Geheimnis und rissen ihr den Mantel von den Schultern. »Ein feines Vögelchen haben wir da gefangen!« rief der eine und packte das Mädchen, das sich ängstlich an seinen Vater klammerte. Der aber zog sein Schwert, stach zu und wehrte auch tapfer die Angriffe der anderen ab, die wütend auf ihn eindrangen, um ihren Kameraden zu rächen. Der Kampf gegen die Übermacht war aussichtslos, und Hägele wurde bald überwältigt, gebunden und vor Melac gebracht. Margarete aber war im Getümmel entflohen und verbarg sich in der Dachkammer des Hauses auf der Blasienau.

Als der General von dem Geschehen hörte und auch erfuhr, daß das Mädchen entkommen war, entlud sich sein furchtbarer Zorn über dem Adlerwirt. Er fragte zuerst nach dem Aufenthaltsort Margaretens, und als Hägele beharrlich schwieg, drohte er, den Wirt zu foltern und die

Stadt niederzubrennen, wenn sich das Mädchen ihm nicht freiwillig ausliefere. Entsetzen breitete sich unter den Bürgern aus. Margarete aber, als sie erfuhr, daß das Schicksal ihres Vaters und der ganzen Stadt nur von ihr abhing, blieb gefaßt, trat vor Melac und bat um Gnade. Der General war überwältigt von der Schönheit des Mädchens. »Willst du die Meine werden, so soll deine Vaterstadt von Stund' an frei sein«, versprach er, »andernfalls aber ist sie verloren und allen voran dein Vater.«

Das Mädchen besann sich, willigte dann ein und schlug vor, sich mit dem Franzosen um Mitternacht in einem Turm bei Obertürkheim zu treffen, der zum Weinberg ihres Vaters gehörte. Zuvor aber wolle sie zu ihren Angehörigen zurückkehren, um sich von ihnen zu verabschieden. Melac, ein besonderes Abenteuer witternd, war mit allem einverstanden und ließ Margarete ziehen.

Als es Zeit war, machte sich das Mädchen auf den Weg zum Weinberg. Ihr Entschluß stand fest: Für ihren Vater und die Stadt wollte sie ihr Leben opfern, und deshalb hatte sie sich von ihren Eltern einen Dolch erbeten. Aber auch Melac, so hatte sie sich vorgenommen, sollte sterben, damit endlich die Freveltaten ein Ende hätten.

Der General erwartete sie ungeduldig vor dem Turm. Margarete schaute noch einmal hinunter auf die Stadt. Ein Sturmwind fegte herüber von der Burg, die Häuser, Tore und Türme aber lagen friedlich im Mondlicht unter ihr. Dann trat sie in die Turmstube.

Melac wollte sie an sich ziehen. Das Mädchen sträubte sich und bat nochmals um Gnade. Doch als der General daraufhin in ein höhnisches Gelächter ausbrach, zog es plötzlich den Dolch und stieß zu. Weil Melac aber unter seiner Kleidung stets einen Panzer trug, glitt die Spitze ab, und er konnte Margarete die Waffe mühelos entwinden.

In diesem Augenblick jedoch fuhr ein gewaltiger Windstoß über das Türmchen hin, das einzustürzen drohte, und eine Stimme tief: »Verbrecher, dein Maß ist voll, du mußt mit!« Von Entsetzen gepackt, griff Melac nach dem Dolch, stieß ihn dem Mädchen ins Herz und rannte hinaus. Er warf sich auf seinen Rappen, der aufwiehernd davongaloppierte und sich plötzlich in die Lüfte erhob.

Bis zum Jüngsten Tag, so sagt man, müsse der Frevler der wilden Jagd nachreiten, ob er wolle oder nicht. Esslingen aber sei bald darauf von den Franzosen verlassen worden.

Die Katharinenlinde

In Esslingen lebte vor langer Zeit ein Mädchen, das hieß Katharina. Von ihm sagten die Leute, es sei eine Hexe. Schließlich schleppte man es vor den Richter, und obgleich Katharina ihre Unschuld beteuerte, wurde sie zum Tode verurteilt und sollte verbrannt werden.
In einem Karren fuhr man sie hinauf auf die Höhe zwischen dem Kernen und dem Rotenberg, und viel Volks zog mit, um das Mädchen brennen zu sehen. Als die Flammen sie erfaßten, rief Katharina mit lauter Stimme: »Ich sterbe unschuldig! Zum Zeichen dafür werden drei Blutstropfen vom Himmel fallen, sobald ich tot bin. Und noch einen anderen Beweis meiner Unschuld will ich euch geben: Begrabt mich an dieser Stelle, und wenn ihr meine Asche mit Erde bedeckt, so pflanzt einen Lindenbaum hinein, die Krone nach unten, die Wurzeln nach oben. Ich sage euch, er wird trotzdem ausschlagen und Blätter treiben!«

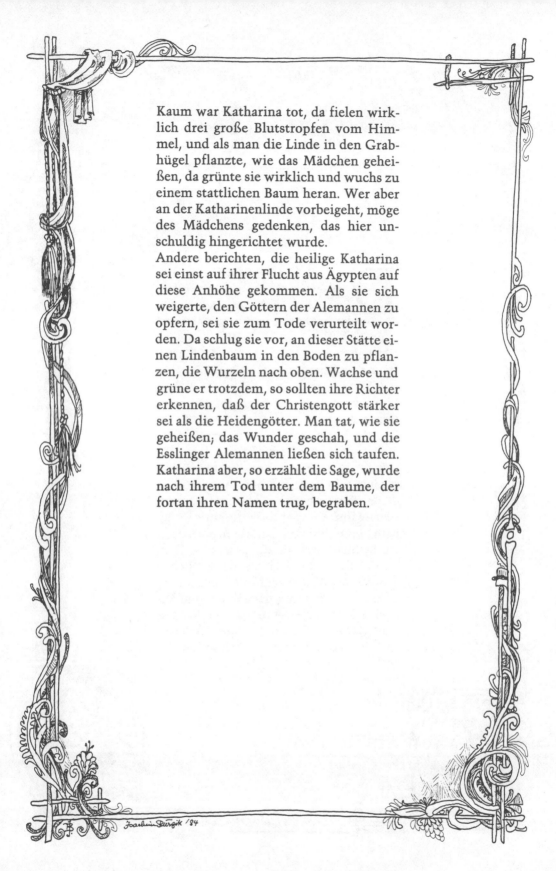

Kaum war Katharina tot, da fielen wirklich drei große Blutstropfen vom Himmel, und als man die Linde in den Grabhügel pflanzte, wie das Mädchen geheißen, da grünte sie wirklich und wuchs zu einem stattlichen Baum heran. Wer aber an der Katharinenlinde vorbeigeht, möge des Mädchens gedenken, das hier unschuldig hingerichtet wurde.

Andere berichten, die heilige Katharina sei einst auf ihrer Flucht aus Ägypten auf diese Anhöhe gekommen. Als sie sich weigerte, den Göttern der Alemannen zu opfern, sei sie zum Tode verurteilt worden. Da schlug sie vor, an dieser Stätte einen Lindenbaum in den Boden zu pflanzen, die Wurzeln nach oben. Wachse und grüne er trotzdem, so sollten ihre Richter erkennen, daß der Christengott stärker sei als die Heidengötter. Man tat, wie sie geheißen; das Wunder geschah, und die Esslinger Alemannen ließen sich taufen. Katharina aber, so erzählt die Sage, wurde nach ihrem Tod unter dem Baume, der fortan ihren Namen trug, begraben.

Der Esslinger Zwiebel

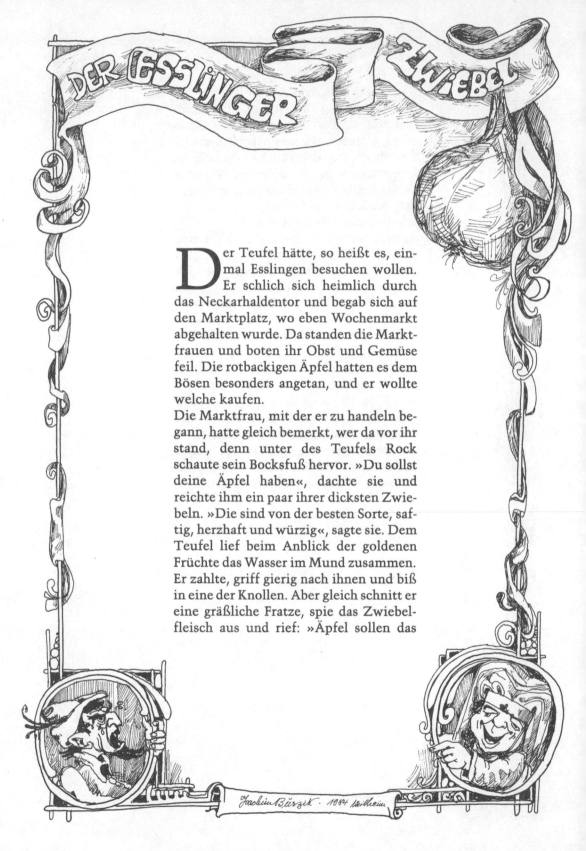

Der Teufel hätte, so heißt es, einmal Esslingen besuchen wollen. Er schlich sich heimlich durch das Neckarhaldentor und begab sich auf den Marktplatz, wo eben Wochenmarkt abgehalten wurde. Da standen die Marktfrauen und boten ihr Obst und Gemüse feil. Die rotbackigen Äpfel hatten es dem Bösen besonders angetan, und er wollte welche kaufen.

Die Marktfrau, mit der er zu handeln begann, hatte gleich bemerkt, wer da vor ihr stand, denn unter des Teufels Rock schaute sein Bocksfuß hervor. »Du sollst deine Äpfel haben«, dachte sie und reichte ihm ein paar ihrer dicksten Zwiebeln. »Die sind von der besten Sorte, saftig, herzhaft und würzig«, sagte sie. Dem Teufel lief beim Anblick der goldenen Früchte das Wasser im Mund zusammen. Er zahlte, griff gierig nach ihnen und biß in eine der Knollen. Aber gleich schnitt er eine gräßliche Fratze, spie das Zwiebelfleisch aus und rief: »Äpfel sollen das sein? Zwiebeln sind es, elende Zwiebeln!« Und die Augen quollen ihm schier aus dem Kopf, so tränten sie. Die Marktfrauen aber eilten herzu und schlugen auf den Bösewicht ein. Sie hätten ihn wohl getötet, wenn – ja, wenn er nicht der Teufel gewesen wäre, der eilends zwischen ihnen hindurchschlüpfte und durch das Neckartörlein entschwand. Die Esslinger aber hatten ihren Spottnamen: die Zwiebel.

Andere sagen, sie wären auf folgende Weise dazugekommen: Die Bürger hatten von Kaiser Karl V. das Zugeständnis erreicht, ihren Schwörtag auf den Jakobifeiertag, also mitten in den Sommer, verlegen zu dürfen. Das Ereignis wurde mehr und mehr zu einem Fest, an dem auch Besucher von nah und fern teilnahmen. Weil aber zu der Zeit gerade die Zwiebeln reiften und die Esslinger Hausfrauen sich auf das Backen von Zwiebelkuchen besonders verstanden, waren es vor allem die Düfte und Genüsse dieses köstlichen Gebäcks, die die Gäste anlockten, und sie sagten dann: »Mr ganget zo de Zwiebel.«

Übrigens heißt es in Schwaben »der Zwiebel«, wenn man die Knolle meint. Sagt man aber »dui Zwiebel«, so tituliert man damit ein ungeschicktes Frauenzimmer.

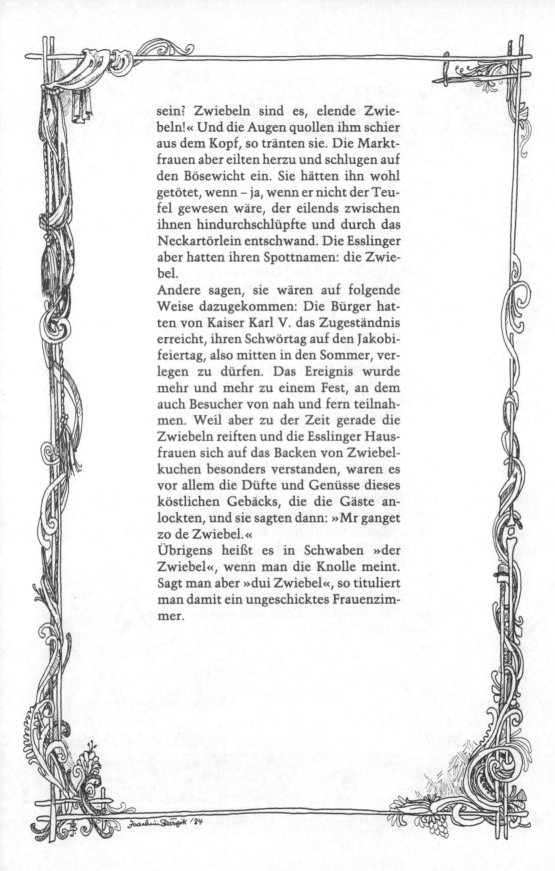

Das Keltermännle von Zell

Als einst die Berghänge bei Zell voller Weingärten waren, herrschte nach der Traubenlese in der Kelter des Dorfes ein reges Treiben. Zur Kelter aber gehörte auch das Keltermännle, ein lustiger kleiner Kobold, der mit einer roten Weste und gelben Hosen bekleidet war und ein rundes Hütlein trug. Er schaute den Kelterknechten zu, freute sich, wenn die Kelterbäume krachend bewegt wurden und den roten Saft aus den Trauben preßten, und legte auch da und dort Hand an, wenn es nötig war. Begann aber einer der Knechte zu fluchen, zu schimpfen oder den Kleinen zu reizen, dann konnte der Kobold fuchsteufelswild werden, den Eimer nach ihm werfen und auf ihn eindreschen. Und erwischte er einen Wachtposten nachts schlafend, dann rumorte er so fürchterlich, warf die Fensterläden auf und zu und verprügelte den Faulpelz, bis jener laut schreiend das Weite suchte. Dann traute sich niemand mehr in die Kelter, ehe der Tag anbrach und das Keltermännle verschwunden war.

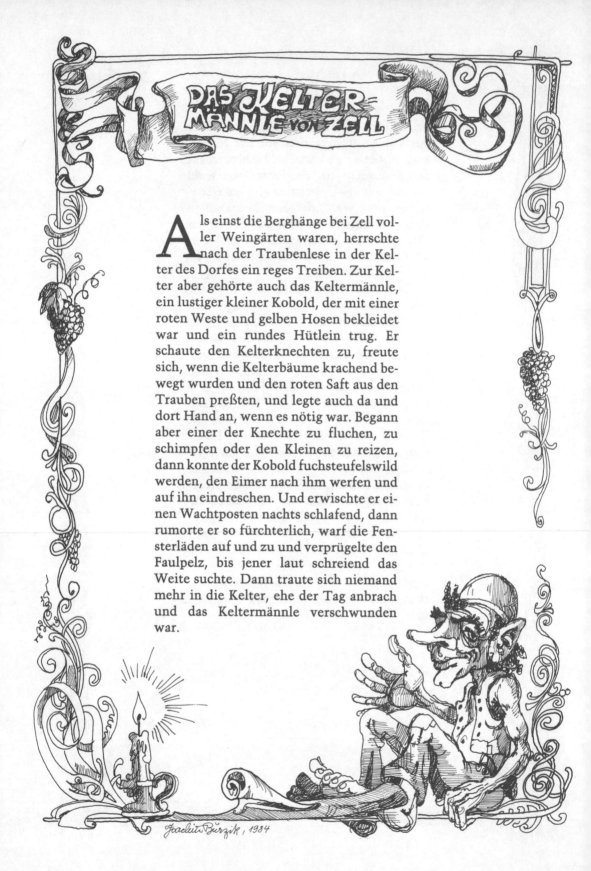

Der Diebsbrunnen im Esslinger Wald

Im Esslinger Wald über dem Stettener Seehang findet man in einer Schlucht eine Quelle, die Diebsbrunnen geheißen wird. Kaum jemand kommt an diesen abgelegenen Ort.
Es war an einem späten Novembertag vor vielen hundert Jahren, als Kunz Weber von Hainbachweiler zu seiner in Strümpfelbach verheirateten Tochter Ursula gerufen wurde. Die Frau lag im Sterben und hatte Verlangen, vor ihrem Tod den Vater, den sie über alles liebte, noch einmal zu sehen. Bedrückt und von Sorgen gequält, stieg Kunz das Hainbachtal hinauf, ein paar Habseligkeiten in seinem Zwilchsack mit sich tragend. Als er an der Klinge vorbeikam, stürzten plötzlich zwei Bewaffnete hinter einem Felsen hervor, schlugen den Überraschten nieder,

knebelten und banden ihn und schleppten ihn schließlich mit sich hinunter nach Stetten zum Schloß. Forstknechte des Herzogs waren es. Weil des öfteren Schlingen von Wilderern in der Nähe der Quelle gefunden worden waren, hatte Herzog Ulrich Anweisung gegeben, den ersten zu fangen, der von Esslingen her des Wegs kam, und des Wilddiebstahls anzuklagen.

Da half alles Beteuern nichts; die Forstknechte stellten sich taub, warfen den Unglücklichen in den Turm, und schon am andern Tag brachte man ihn nach Stuttgart, um ihn durch die Folter zu einem Geständnis zu bewegen. Doch Kunz blieb standhaft, schwor, unschuldig zu sein, und kam schließlich zu neuen Foltern nach Urach in den Turm.

In Strümpfelbach war die Tochter inzwischen gestorben, ohne daß sie von ihrem Vater hatte Abschied nehmen können. Als dieser auch in seinem Heimatdorf ausblieb und man erfuhr, daß Kunz verschwunden war, forschte man auf dem Weg nach, den er genommen. Man fand die Spuren eines Kampfes und meldete dem Rat der Stadt Esslingen die Sache. Die Reichsstadt, schon seit vielen Jahren in Zwist mit dem Herzog, erhielt in Stuttgart die Auskunft, man habe einen Wilddieb gefangen und werde ihn nach Gebühr behandeln. Alles Bitten und Flehen der Angehörigen half nichts, Kunz Weber kehrte nie mehr in seine Heimat zurück.

Um an die böse Tat zu erinnern, errichtete man an der Stelle des Überfalls eine Gedenktafel und nannte fortan den Platz »Diebsbrunnen«.

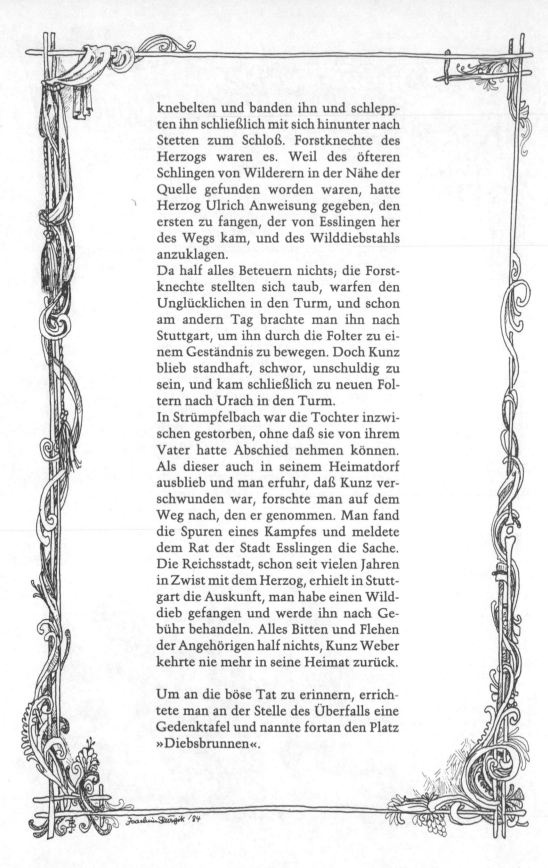

Am Holderstein bei Hohengehren

Über einer engen Talschlucht bei Hohengehren stand einst eine stolze Burg, der Holderstein. Ganz in der Nähe findet man ein Steinkreuz mit einer Gedenkplatte, die an ein seltsames Ereignis erinnert.

Es war zur Zeit der Franzoseneinfälle. Das wilde Soldatenvolk fand auch den Weg nach dem kleinen Dorf Hohengehren, so versteckt es hinter den Wäldern lag. Die Häuser wurden ausgeplündert, die Leute gequält und geschunden, und manche fürchteten um ihr Leben und flohen in den Wald.

Auch eine arme Frau suchte zu entkommen und rannte hinüber zur Waldschlucht bei der Holderburg, da entdeckte sie ein Reiter, sprengte ihr nach und freute sich der lustigen Jagd. Die Frau sah plötzlich den Abgrund vor sich, über den der Bach hinabbrauste, und warf sich zur Seite auf eine vorstehende Felsplatte. Der Soldat aber konnte sein Pferd nicht mehr zurückreißen und stürzte mit gellendem Schrei in die Tiefe. Ein dumpfer Aufprall, und Roß und Reiter lagen zerschmettert in der Schlucht.

Um die furchtbare Zeit und die wundersame Rettung der Frau nicht vergessen zu lassen, errichteten die Menschen das Mahnmal.

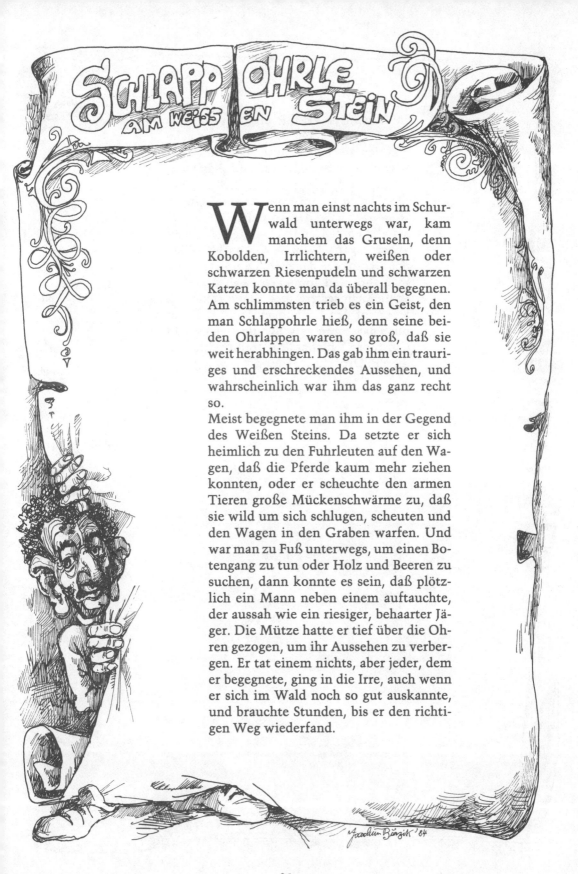

Schlappohrle am weissen Stein

Wenn man einst nachts im Schurwald unterwegs war, kam manchem das Gruseln, denn Kobolden, Irrlichtern, weißen oder schwarzen Riesenpudeln und schwarzen Katzen konnte man da überall begegnen. Am schlimmsten trieb es ein Geist, den man Schlappohrle hieß, denn seine beiden Ohrlappen waren so groß, daß sie weit herabhingen. Das gab ihm ein trauriges und erschreckendes Aussehen, und wahrscheinlich war ihm das ganz recht so.

Meist begegnete man ihm in der Gegend des Weißen Steins. Da setzte er sich heimlich zu den Fuhrleuten auf den Wagen, daß die Pferde kaum mehr ziehen konnten, oder er scheuchte den armen Tieren große Mückenschwärme zu, daß sie wild um sich schlugen, scheuten und den Wagen in den Graben warfen. Und war man zu Fuß unterwegs, um einen Botengang zu tun oder Holz und Beeren zu suchen, dann konnte es sein, daß plötzlich ein Mann neben einem auftauchte, der aussah wie ein riesiger, behaarter Jäger. Die Mütze hatte er tief über die Ohren gezogen, um ihr Aussehen zu verbergen. Er tat einem nichts, aber jeder, dem er begegnete, ging in die Irre, auch wenn er sich im Wald noch so gut auskannte, und brauchte Stunden, bis er den richtigen Weg wiederfand.

In Plochingen erzählt man, eines Tages sei ein Ertrunkener am Neckarufer gelegen, den niemand kannte. Man wollte ihn begraben, aber nicht auf dem Kirchhof, sondern droben beim Weißen Stein, und trug ihn in einem Korb dorthin. Unterwegs aber habe der Tote den Träger beständig an den Ohren gezogen. Als man anderntags nach seinem Grab schaute, lag der Ertrunkene daneben. Dreimal begrub man ihn, und immer geschah dasselbe. Schließlich wälzte man einen schweren Stein auf den Grabhügel. Der Leichnam blieb daraufhin verschwunden, aber sein Geist, der Schlappohrle, treibt seither an diesem Ort sein Unwesen.

Die Steinkreuze bei den 7 Linden

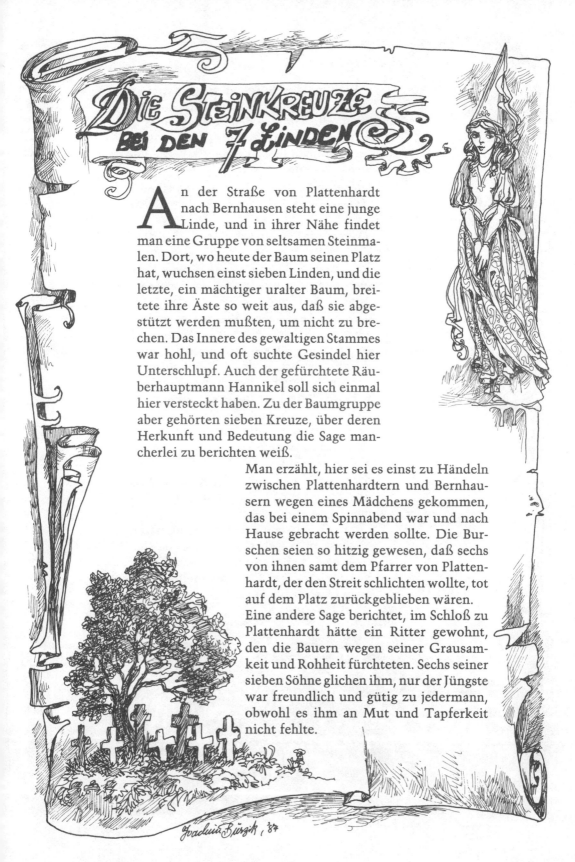

An der Straße von Plattenhardt nach Bernhausen steht eine junge Linde, und in ihrer Nähe findet man eine Gruppe von seltsamen Steinmalen. Dort, wo heute der Baum seinen Platz hat, wuchsen einst sieben Linden, und die letzte, ein mächtiger uralter Baum, breitete ihre Äste so weit aus, daß sie abgestützt werden mußten, um nicht zu brechen. Das Innere des gewaltigen Stammes war hohl, und oft suchte Gesindel hier Unterschlupf. Auch der gefürchtete Räuberhauptmann Hannikel soll sich einmal hier versteckt haben. Zu der Baumgruppe aber gehörten sieben Kreuze, über deren Herkunft und Bedeutung die Sage mancherlei zu berichten weiß.

Man erzählt, hier sei es einst zu Händeln zwischen Plattenhardtern und Bernhausern wegen eines Mädchens gekommen, das bei einem Spinnabend war und nach Hause gebracht werden sollte. Die Burschen seien so hitzig gewesen, daß sechs von ihnen samt dem Pfarrer von Plattenhardt, der den Streit schlichten wollte, tot auf dem Platz zurückgeblieben wären. Eine andere Sage berichtet, im Schloß zu Plattenhardt hätte ein Ritter gewohnt, den die Bauern wegen seiner Grausamkeit und Rohheit fürchteten. Sechs seiner sieben Söhne glichen ihm, nur der Jüngste war freundlich und gütig zu jedermann, obwohl es ihm an Mut und Tapferkeit nicht fehlte.

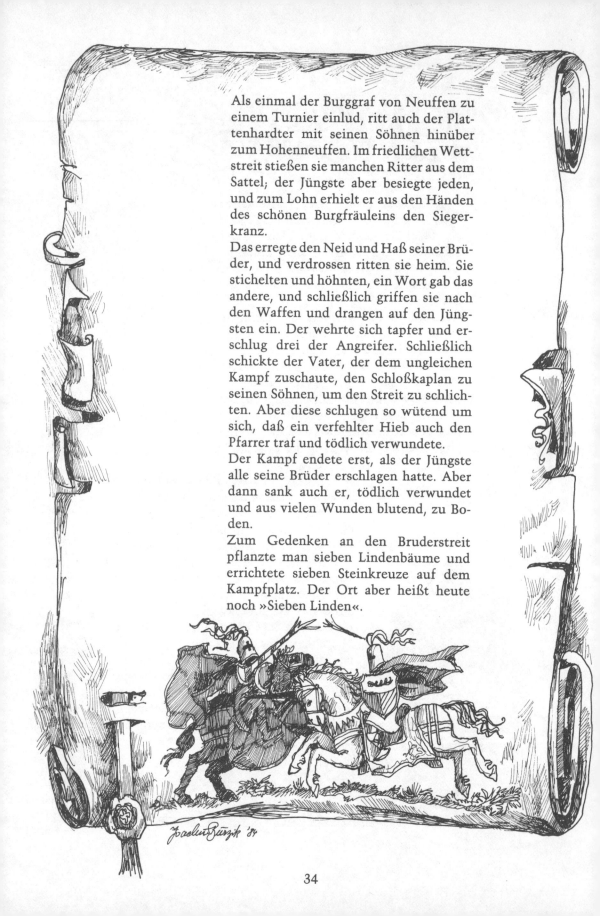

Als einmal der Burggraf von Neuffen zu einem Turnier einlud, ritt auch der Plattenhardter mit seinen Söhnen hinüber zum Hohenneuffen. Im friedlichen Wettstreit stießen sie manchen Ritter aus dem Sattel; der Jüngste aber besiegte jeden, und zum Lohn erhielt er aus den Händen des schönen Burgfräuleins den Siegerkranz.

Das erregte den Neid und Haß seiner Brüder, und verdrossen ritten sie heim. Sie stichelten und höhnten, ein Wort gab das andere, und schließlich griffen sie nach den Waffen und drangen auf den Jüngsten ein. Der wehrte sich tapfer und erschlug drei der Angreifer. Schließlich schickte der Vater, der dem ungleichen Kampf zuschaute, den Schloßkaplan zu seinen Söhnen, um den Streit zu schlichten. Aber diese schlugen so wütend um sich, daß ein verfehlter Hieb auch den Pfarrer traf und tödlich verwundete.

Der Kampf endete erst, als der Jüngste alle seine Brüder erschlagen hatte. Aber dann sank auch er, tödlich verwundet und aus vielen Wunden blutend, zu Boden.

Zum Gedenken an den Bruderstreit pflanzte man sieben Lindenbäume und errichtete sieben Steinkreuze auf dem Kampfplatz. Der Ort aber heißt heute noch »Sieben Linden«.

Der Schwarze Tod von Plattenhardt

Im Dreißigjährigen Krieg kamen Soldaten der Kaiserlichen auch nach Plattenhardt, raubten, plünderten und taten viel Böses. Bald herrschte überall große Hungersnot. Schlimmer aber war die Angst vor der Pest, dem Schwarzen Tod. Die Soldaten hatten die Seuche ins Dorf geschleppt. Wer an ihr erkrankte, spürte zuerst heftige Schmerzen im Leib, Krämpfe und Erbrechen folgten, und erst nach qualvollen Stunden brachte der Tod die Erlösung. Die Leichen aber, so wird erzählt, wären nach kurzer Zeit kohlschwarz gewesen.

Am Anfang läutete man, sobald der Tod eingetreten war, die Glocke, die große bei den Erwachsenen, bei Kindern die kleine. Aber dann starb der Pfarrer selber. Von da an blieben die Glocken stumm, und man verscharrte die Leichen still und ohne Segen. Als schließlich der Totengräber selbst beim Schaufeln einer Grube, von der Krankheit befallen, ins Grab stürzte, fand sich zunächst niemand, seinen Dienst zu versehen, bis schließlich zwei alte, ausgediente Soldaten, die sich weder vor Tod noch Teufel fürchteten, die Aufgabe übernahmen. Aber sie taten dies schlecht und lieblos, soffen sich meist einen Rausch an, bis sie von Haus zu Haus

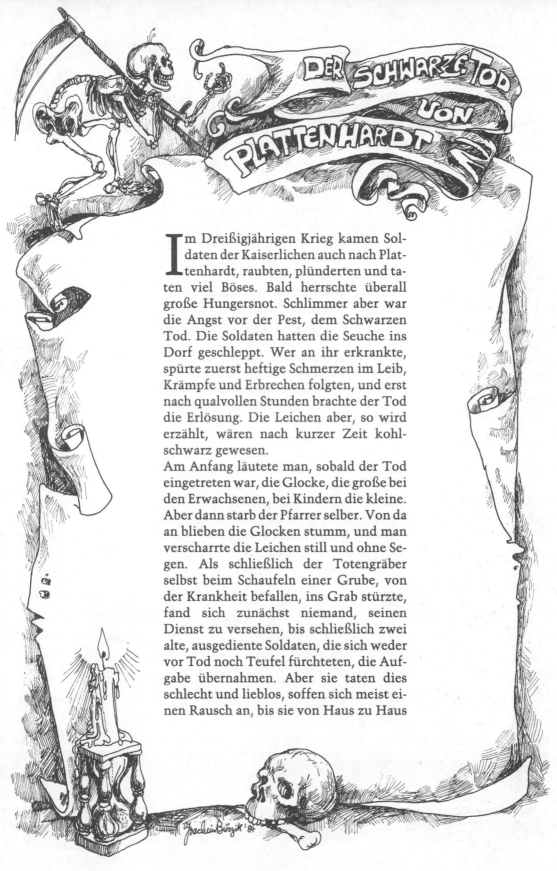

gingen, um die Toten einzusammeln. Die Leichen warfen sie wie ein Stück Holz auf ihren Karren und kümmerten sich nicht weiter drum, ob einer der Pestkranken noch Leben zeigte.

Das Sterben dauerte fünf Monate, und die, die übrigblieben, waren verzweifelt. Da hörte eines Nachts im November ein Bub, wie jemand dreimal ans Fenster klopfte. Er wachte am Lager seines erkrankten Vaters. Als er nun das Fenster öffnete und hinausschaute, sah er niemand, hörte aber eine feine Stimme sagen: »Esset Braunelle, no sterbet er net älle!«

Braunelle war ein Heilkraut, das man im Hause hatte. Der Bub gab es seinem Vater, und wirklich – am andern Morgen ging es dem Kranken besser, und bald war er gesund!

Wie ein Lauffeuer verbreitete sich diese Nachricht im Dorf. Überall wurde das Kraut gesucht und den Pestkranken gegeben. Wer davon aß, so wird berichtet, sei dem Schwarzen Tod entkommen, und zu Weihnachten wäre die Seuche überall im Lande verschwunden gewesen.

Das Dätschlerne Weible:

Ein Waldstück bei Plattenhardt trägt den Namen »Dätschlerna«. Der Sage nach soll dort vor langer Zeit ein Weiblein gehaust haben, von dem man sich mancherlei erzählt. Es sei eine weise, gütige Frau gewesen, die alt und gebrechlich schien und in einer einfachen Hütte im Dunkel des Waldes wohnte, aber über ungeahnte Zauberkünste verfügte und Gutes tat, wo sie nur konnte. Kein Wunder, daß Menschen, die in Not waren, das Waldweiblein aufsuchten und ihm ihr Leid klagten. Waren sie unschuldig an ihrem Schicksal, so half ihnen die Frau, heilte Wunden und Krankheiten und gab manch guten Rat. Das Brünnlein, das neben ihrer Hütte floß, soll auch im heißesten Sommer klares und frisches Wasser gespendet haben.

Nun geschah es eines Tages, daß ein armer Knecht bei seinem Herrn in Ungnade gefallen war und in seiner Angst in den Wald lief, um von der weisen Frau Hilfe zu erbitten. Er irrte lange durch das Dickicht, bis er einem alten Weiblein begegnete, das Holz gesammelt hatte und nun, tief gebeugt unter der Last des schweren Bündels, auf dem Heimweg war. Die Alte hatte sich zuviel zugemutet; ihre Knie gaben nach, und das Holz rutschte ihr vom Rücken. Der Mann lief herzu, um zu helfen, und erbot sich, die Last zu tragen. Gern willigte das Weiblein ein und wies ihm den Weg durch den Wald. Endlich kamen sie an eine halbverfallene Hütte.

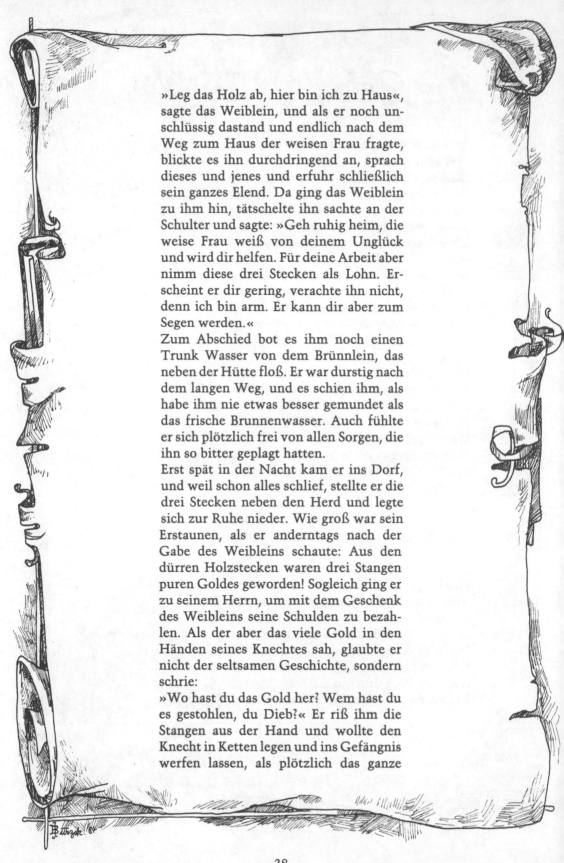

»Leg das Holz ab, hier bin ich zu Haus«, sagte das Weiblein, und als er noch unschlüssig dastand und endlich nach dem Weg zum Haus der weisen Frau fragte, blickte es ihn durchdringend an, sprach dieses und jenes und erfuhr schließlich sein ganzes Elend. Da ging das Weiblein zu ihm hin, tätschelte ihn sachte an der Schulter und sagte: »Geh ruhig heim, die weise Frau weiß von deinem Unglück und wird dir helfen. Für deine Arbeit aber nimm diese drei Stecken als Lohn. Erscheint er dir gering, verachte ihn nicht, denn ich bin arm. Er kann dir aber zum Segen werden.«

Zum Abschied bot es ihm noch einen Trunk Wasser von dem Brünnlein, das neben der Hütte floß. Er war durstig nach dem langen Weg, und es schien ihm, als habe ihm nie etwas besser gemundet als das frische Brunnenwasser. Auch fühlte er sich plötzlich frei von allen Sorgen, die ihn so bitter geplagt hatten.

Erst spät in der Nacht kam er ins Dorf, und weil schon alles schlief, stellte er die drei Stecken neben den Herd und legte sich zur Ruhe nieder. Wie groß war sein Erstaunen, als er anderntags nach der Gabe des Weibleins schaute: Aus den dürren Holzstecken waren drei Stangen puren Goldes geworden! Sogleich ging er zu seinem Herrn, um mit dem Geschenk des Weibleins seine Schulden zu bezahlen. Als der aber das viele Gold in den Händen seines Knechtes sah, glaubte er nicht der seltsamen Geschichte, sondern schrie:

»Wo hast du das Gold her? Wem hast du es gestohlen, du Dieb?« Er riß ihm die Stangen aus der Hand und wollte den Knecht in Ketten legen und ins Gefängnis werfen lassen, als plötzlich das ganze

Haus von einem Donnerschlag erschüttert wurde, und in gleißendem Licht stand mitten im Saal eine wunderschöne Frau.

»Wer gibt dir das Recht, dem braven Manne mein Geschenk zu verweigern und ihn des Diebstahls zu bezichtigen?« rief sie, trat auf den Knecht zu und löste ihm die Ketten. »Ab heute bist du frei«, sprach sie zu ihm. »Du aber«, wandte sie sich an den Herrn, »sollst dein Leben lang an deine böse Tat erinnert werden.« Sie berührte ihn an der Schulter, da wurden die Goldstangen heiß wie glühendes Eisen, und mit einem Schmerzensschrei ließ er sie fallen. Seine Hände trugen schreckliche Wunden, die nie mehr heilten.

Der Knecht indeß kaufte sich von dem Reichtum einen stattlichen Hof und gedachte noch oft der Waldfrau, der er sein Glück zu verdanken hatte. Weil jene die Menschen an der Schulter berührte, wenn sie ihre Zauberkraft spüren ließ, hieß man sie auch die Dätschlerne oder das Dätschlerne Weible, und so erhielt der Wald seinen Namen.

Der Haugeist

Nahe bei Plattenhardt in dem Waldstück, das man heute noch Hau oder Bildhau heißt, hatte einst ein Jäger seine Hütte. Der Bursche war ein wilder Gesell, und viele sagten, er stünde mit dem Teufel im Bund. Kein Schuß könne ihn verletzen, seine Armbrust treffe aber jeden, er sei noch so weit entfernt. Am besten mied man den Wald, denn jeden Fremden schoß der Jäger unbarmherzig nieder, wenn er auf seinen Ruf hin nicht stillstand.

Eines Tages nun verirrte sich ein Mönch, der auf dem Weg nach Plattenhardt war, im Bildhau. Weil er sich die Kapuze über den Kopf gezogen hatte, überhörte er den Warnruf des Jägers. Da hob der Gottlose seine Armbrust, zielte und traf. Als der Mörder teilnahmslos zuschaute, welche Todesqualen sein Opfer zu erleiden hatte, sprach der Mönch mit ersterbender Stimme: »Ruchloser Frevler, du sollst bis zum Jüngsten Tag deinen Wald ruhelos durchwandern müssen.« Dann starb er, der Jäger aber zog seines Wegs und hatte den Fluch des Getöteten bald vergessen.

Man fand die Leiche des Mönchs, und der Verdacht fiel gleich auf den Jäger. Doch der leugnete, und weil kein Zeuge vorhanden war, konnte man ihm nichts nachweisen. Aber Gottes Gerechtigkeit sollte ihn bald erreichen.

Einmal begegnete der Jäger einem gewaltigen Hirsch, dem größten, den er je gesehen. Er setzte dem flüchtenden Tier nach und traf es tödlich. Als er sich über den Hirsch beugte, bäumte der sich noch einmal auf und stieß ihm eine seiner Stangen so tief in die Brust, daß er elendiglich verblutete.

Seither ist es in jenem Wald nicht geheuer: Axtschläge erklingen, wo keine Holzhauer arbeiten, Pilzsammler und Kräutersucher werden durch gräßliche Schreie erschreckt, und oft schon wurde ein Fuhrmann, der in der Nacht den Weg heraufkam, von einem seltsamen Licht so geblendet, daß er mit seinem Wagen in die Irre fuhr und die Klinge hinabstürzte. Vom Jägerhaus aber blieb nichts mehr übrig, denn kurz nach dem Tode des Frevlers brannte es, von einem Blitzschlag getroffen, bis auf die Grundmauern nieder.

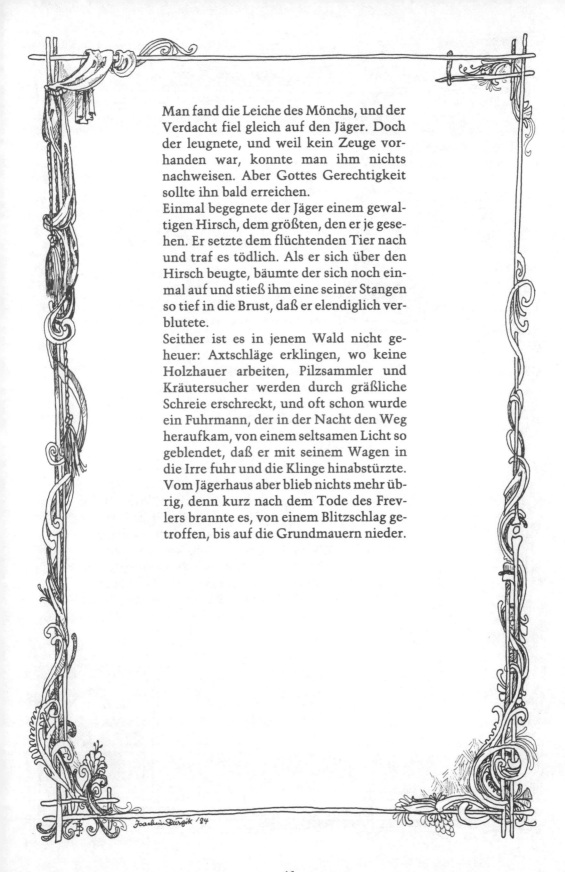

Der böse Mann im Schnecken

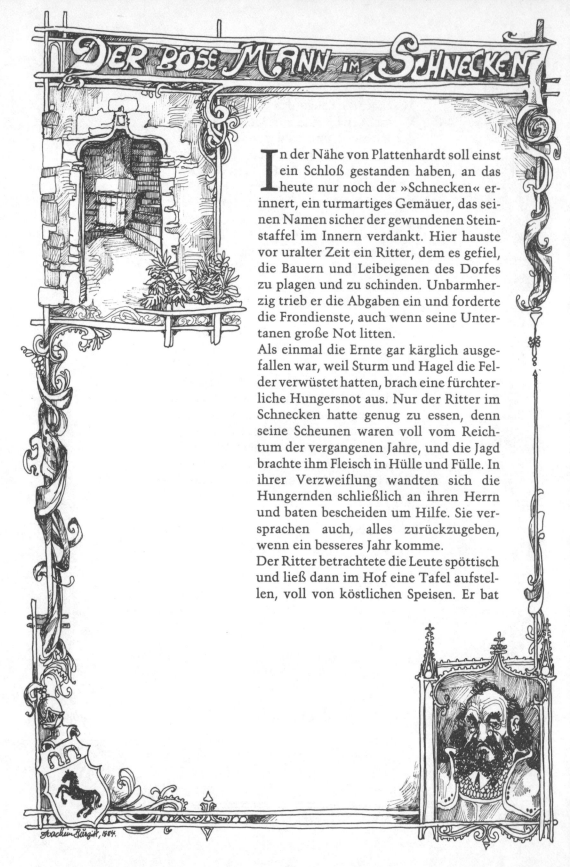

In der Nähe von Plattenhardt soll einst ein Schloß gestanden haben, an das heute nur noch der »Schnecken« erinnert, ein turmartiges Gemäuer, das seinen Namen sicher der gewundenen Steinstaffel im Innern verdankt. Hier hauste vor uralter Zeit ein Ritter, dem es gefiel, die Bauern und Leibeigenen des Dorfes zu plagen und zu schinden. Unbarmherzig trieb er die Abgaben ein und forderte die Frondienste, auch wenn seine Untertanen große Not litten.

Als einmal die Ernte gar kärglich ausgefallen war, weil Sturm und Hagel die Felder verwüstet hatten, brach eine fürchterliche Hungersnot aus. Nur der Ritter im Schnecken hatte genug zu essen, denn seine Scheunen waren voll vom Reichtum der vergangenen Jahre, und die Jagd brachte ihm Fleisch in Hülle und Fülle. In ihrer Verzweiflung wandten sich die Hungernden schließlich an ihren Herrn und baten bescheiden um Hilfe. Sie versprachen auch, alles zurückzugeben, wenn ein besseres Jahr komme.

Der Ritter betrachtete die Leute spöttisch und ließ dann im Hof eine Tafel aufstellen, voll von köstlichen Speisen. Er bat

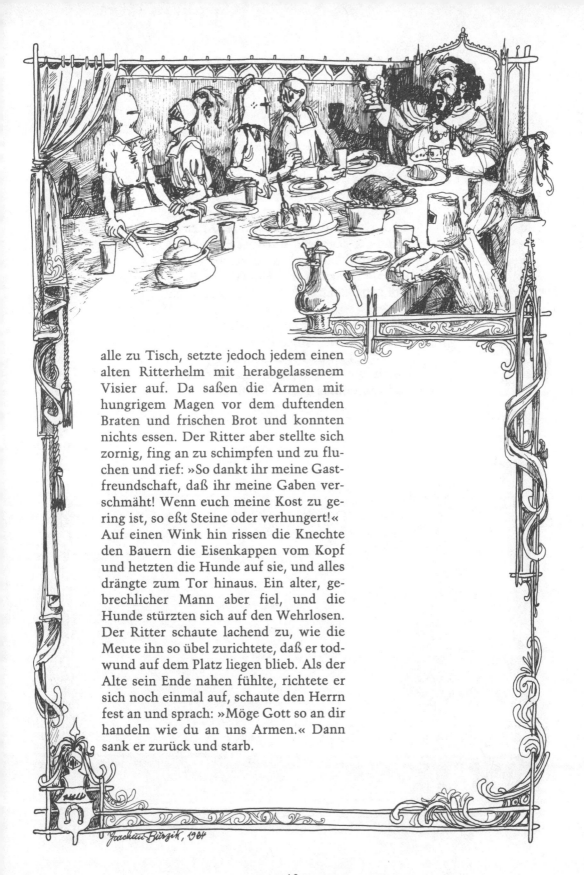

alle zu Tisch, setzte jedoch jedem einen alten Ritterhelm mit herabgelassenem Visier auf. Da saßen die Armen mit hungrigem Magen vor dem duftenden Braten und frischen Brot und konnten nichts essen. Der Ritter aber stellte sich zornig, fing an zu schimpfen und zu fluchen und rief: »So dankt ihr meine Gastfreundschaft, daß ihr meine Gaben verschmäht! Wenn euch meine Kost zu gering ist, so eßt Steine oder verhungert!« Auf einen Wink hin rissen die Knechte den Bauern die Eisenkappen vom Kopf und hetzten die Hunde auf sie, und alles drängte zum Tor hinaus. Ein alter, gebrechlicher Mann aber fiel, und die Hunde stürzten sich auf den Wehrlosen. Der Ritter schaute lachend zu, wie die Meute ihn so übel zurichtete, daß er todwund auf dem Platz liegen blieb. Als der Alte sein Ende nahen fühlte, richtete er sich noch einmal auf, schaute den Herrn fest an und sprach: »Möge Gott so an dir handeln wie du an uns Armen.« Dann sank er zurück und starb.

Der Ritter kümmerte sich nicht um den Fluch. Doch als er sich zu Tisch setzte, um zu essen und zu trinken, da wurden ihm Brot und Fleisch im Mund zu Stein, und als er den Becher hob, da wurde ihm auch der Schluck Wein zu einem Steinbrocken, den er entsetzt ausspie. Nun merkte er, daß der Wunsch des Alten in Erfüllung gegangen war und daß er den Hungertod zu sterben hatte. In seiner Verzweiflung biß er nochmals vom Brot, schluckte – und erstickte an dem Brocken aus Stein.

Als bessere Jahre kamen, hatten die Plattenhardter die Hungerzeit bald vergessen. Aber bis auf den heutigen Tag erzählen sie vom bösen Mann im Schnecken und von seinem qualvollen Ende.

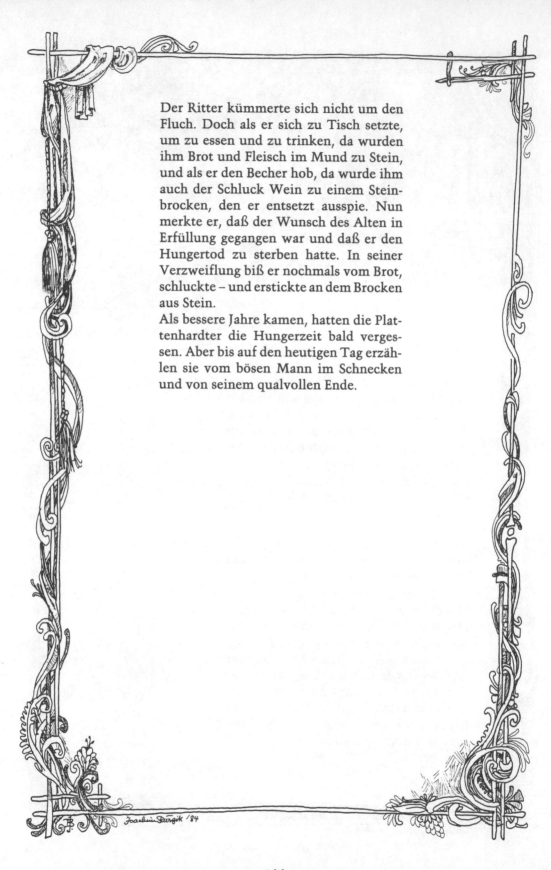

Die Edelfrau im Schopf

Außer dem Schnecken gab es in Plattenhardt noch ein zweites Haus aus Stein, in dem ein Ritter mit seiner Familie wohnte, den »Schopf«. Der Schloßherr war wohlhabend und wegen seiner Güte und Freundlichkeit bei den Bauern recht angesehen. Seiner Frau aber, einem zänkischen und hochmütigen Weib, ging man lieber aus dem Weg. Der Ritter hatte sie einst geheiratet, obwohl sie eine arme Jungfer war. Doch statt ihm dies mit Liebe zu vergelten, sann sie nur darauf, ihren Reichtum zu vermehren, und je älter sie wurde, desto schlimmer trieb sie es mit ihrer Habgier und ihrem Geiz.

Die beiden hatten eine Tochter, ein wunderschönes Edelfräulein, dessen Liebreiz und Tugend überall gerühmt wurden. Bald stellten sich auch Freier ein: der tapfere und schöne Ritter von Kaltental, dessen Besitztum allerdings recht bescheiden war, und der Ritter von Bonlanden, ein alter und geiziger, aber recht wohlhabender Junggeselle. Dem Fräulein gefiel der Kaltentaler, und auch der Vater hätte ihn gern als Schwiegersohn gesehen, doch die Mutter begünstigte den reichen Bonlander.

Als der Ritter vom Schopf eines Tages mit dem Grafen von Württemberg in den Krieg ziehen mußte, nahm er seiner Frau beim Abschied das Versprechen ab, für das Glück der Tochter zu sorgen und nichts gegen ihren Willen zu tun, falls er nicht wiederkehre. Die Edelfrau versprach's und wandte sich ab.

Kaum waren vier Wochen vergangen, da brachte man die Leiche des Ritters, der im Kampfe gefallen war. Die Edelfrau heuchelte tiefe Trauer, aber in ihrem Herzen war sie mit ihrem Schicksal zufrieden, denn nun konnte sie im Schopf schalten und walten, wie sie wollte. Das wußte auch die Tochter, die, über den Verlust ihres Vaters verzweifelt, sich der Willkür und Tücke der bösen Mutter gänzlich ausgeliefert sah.

Als der Ritter von Kaltental um die Hand des Mädchens bat, wurde er von der Edelfrau schnöde abgewiesen. Den Bonlander aber lud die Mutter aufs Schloß und bestimmte den Tag der Verlobung, obwohl das Fräulein unter Tränen bat, sie in Frieden zu lassen. Als das Mädchen schließlich die Mutter an das dem Vater gegebene Versprechen erinnerte, schrie diese zornig: »Ich bin jetzt Herr über dich und sonst niemand!« Das Fräulein aber blieb standhaft und nahm sich vor, eher den Tod zu wählen als den ungeliebten und widerwärtigen Junggesellen.

Am Abend vor der Verlobung herrschte im Schopf große Aufregung. Das Edelfräulein war plötzlich verschwunden. Tagelang durchsuchten die Knechte die umliegenden Wälder, fragten die Bauern, forschten hier und dort. Vergebens – niemand hatte es gesehen, nirgends fand sich eine Spur. Erst einige Zeit später entdeckte ein Jäger die Leiche des Mädchens

am Waldrand auf einer kleinen Wiese. Er brachte sie ins Schloß. Dort weilte gerade der Freier aus Bonlanden. Als man die tote Braut hereintrug, zeigte er wenig Rührung. Auch die Mutter vergaß bald ihre Trauer und begann, dem Ritter schöne Augen zu machen. Jenem kam dies recht gelegen, hoffte er doch, durch eine Heirat seinen Besitz und Reichtum mehren zu können.

Bald wurden die beiden ein Paar, und die Edelfrau zog auf das Schloß nach Bonlanden. Aber beider Leben wurde die Hölle, denn keiner gönnte dem anderen einen guten Bissen aus lauter Geiz. Jeden Tag fast gab es Händel, und die beiden warfen sich gegenseitig vor, am Tode des Mädchens schuld zu sein.
Ihr Ende war grausam und schrecklich. Als das Paar eines Tages im ärgsten Streit auf der Burgmauer stand, gab der Ritter der Edelfrau im Zorn einen Stoß, daß sie in die Tiefe stürzte und im felsigen Burggraben tot liegen blieb. Von allen gemieden und vom bösen Gewissen geplagt, betrank er sich und irrte daraufhin durch das Schloß, bis er die Treppe hinabstürzte und sich den Hals brach.
Die Edelfrau und ihren unglückseligen Gefährten hatte man bald vergessen, der Ort aber, wo man das tote Fräulein fand, heißt heute noch »D'Mädleswiesa«.

Das Silberglöcklein auf der Weissenburg

Auf einer Höhe bei Stuttgart stand einst die Weißenburg. Dort wohnte vor mehr als sechshundert Jahren eine Edelfrau mit ihrer Tochter.

Eines Tages verirrte sich die Mutter im Wald. Als sie am Abend nicht zurückkehrte, schickte die Tochter die Burgknechte aus, sie zu suchen. Aber alle Mühe war umsonst – die Frau blieb verschwunden.

In seiner Verzweiflung brachte das Mädchen sein kostbares Geschmeide und alles Silbergerät des Schlosses zu einem Goldschmied und ließ daraus ein silbernes Glöcklein gießen. Das hängte es im höchsten Turme der Burg auf und läutete es jeden Abend um neun Uhr und um Mitternacht. Sein heller, weitreichender Klang sollte an die Mutter erinnern und – wenn sie noch am Leben war – ihr den Heimweg weisen.

Jahre vergingen, und täglich ertönte das Geläute, doch die Glockentöne verzitterten über dem Wald, ohne daß die geliebte Mutter zurückkehrte. Als das Edelfräulein sein Ende nahen fühlte, bestimmte es in seinem Testament, daß das Silberglöcklein im Turm der Stuttgarter Stiftskirche seinen Platz finden solle, wenn die Weißenburg nicht mehr stehe. Auch stiftete es zweihundert Gulden als Lohn für die, die nach seinem Tode das Glöcklein läuten würden.

Viele Jahre später geschah es, daß sich eine württembergische Prinzessin in den Wäldern zwischen Denkendorf und Stuttgart verirrte. Verängstigt und der Verzweiflung nahe suchte sich das Mädchen einen Weg durch den immer dichter werdenden Tann. Die Nacht brach herein. Plötzlich hörte es in der Ferne einen ihm wohlbekannten Klang. Das Silberglöcklein wurde geläutet! Es ging den Glockentönen nach, fand einen Pfad, der aus dem Wald herausführte, und gelangte bald wohlbehalten nach Hause.

Noch bis in unsere Zeit ertönte das Geläute des Silberglöckleins vom hohen Turm der Stuttgarter Stiftskirche.

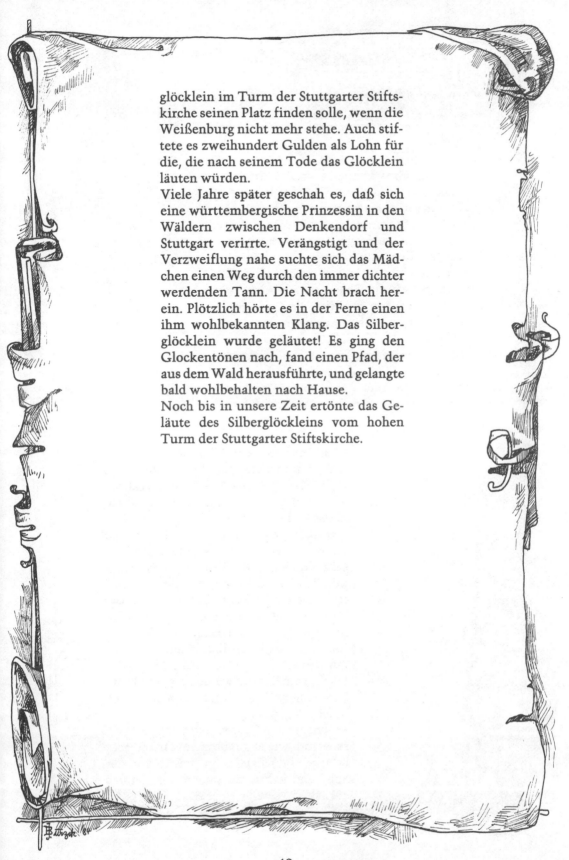

Der Ewige Jäger

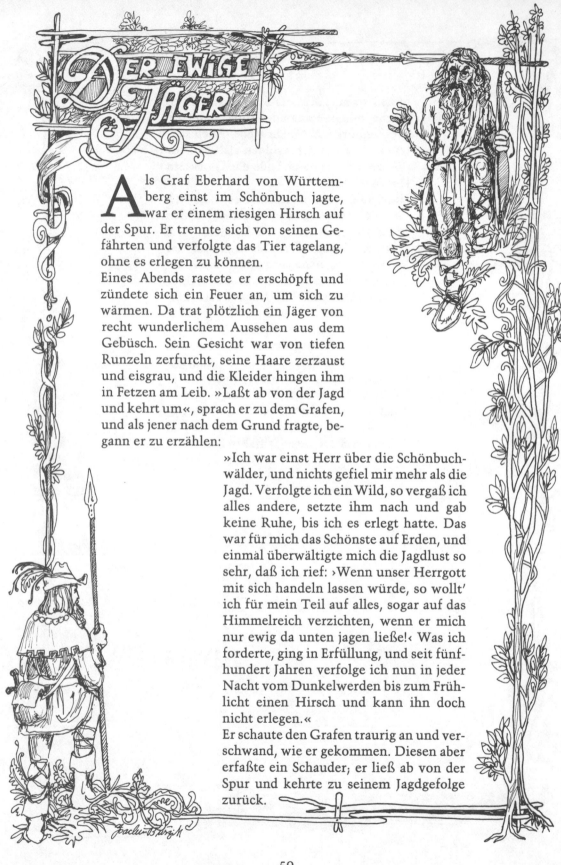

Als Graf Eberhard von Württemberg einst im Schönbuch jagte, war er einem riesigen Hirsch auf der Spur. Er trennte sich von seinen Gefährten und verfolgte das Tier tagelang, ohne es erlegen zu können.

Eines Abends rastete er erschöpft und zündete sich ein Feuer an, um sich zu wärmen. Da trat plötzlich ein Jäger von recht wunderlichem Aussehen aus dem Gebüsch. Sein Gesicht war von tiefen Runzeln zerfurcht, seine Haare zerzaust und eisgrau, und die Kleider hingen ihm in Fetzen am Leib. »Laßt ab von der Jagd und kehrt um«, sprach er zu dem Grafen, und als jener nach dem Grund fragte, begann er zu erzählen:

»Ich war einst Herr über die Schönbuchwälder, und nichts gefiel mir mehr als die Jagd. Verfolgte ich ein Wild, so vergaß ich alles andere, setzte ihm nach und gab keine Ruhe, bis ich es erlegt hatte. Das war für mich das Schönste auf Erden, und einmal überwältigte mich die Jagdlust so sehr, daß ich rief: ›Wenn unser Herrgott mit sich handeln lassen würde, so wollt' ich für mein Teil auf alles, sogar auf das Himmelreich verzichten, wenn er mich nur ewig da unten jagen ließe!‹ Was ich forderte, ging in Erfüllung, und seit fünfhundert Jahren verfolge ich nun in jeder Nacht vom Dunkelwerden bis zum Frühlicht einen Hirsch und kann ihn doch nicht erlegen.«

Er schaute den Grafen traurig an und verschwand, wie er gekommen. Diesen aber erfaßte ein Schauder; er ließ ab von der Spur und kehrte zu seinem Jagdgefolge zurück.

Der Riese von der Federlesmahd

Zwischen Echterdingen und Waldenbuch, dort, wo Schönbuch und Filder zusammenstoßen, stand einst am Waldrand in der Federlesmahd eine Burg. Darin hauste ein Riese, ein gar gewaltiger und grober Kerl. Dem mußten die Bauern von Echterdingen jeden Tag zu essen bringen, wonach ihn gerade verlangte: Fleisch, Mehl, Eier und Butter. War er dann satt, so gab er sich freundlich und tat niemandem etwas zuleide. Wehe aber, wenn die Echterdinger weniger brachten, als er gefordert, oder wenn sie einmal ihre Pflichten vergaßen! Dann packte den Riesen der Zorn; er streifte durch Felder und Wiesen, las auf, was er fand, und stopfte es in sein gefräßiges Maul. Und wenn er weiterhin Hunger hatte, kam er ins Dorf, erschlug ein paar Leute und fraß sie auf.

Niemand wagte sich dem Ungeheuer zu widersetzen. Aber als es endlich gestorben war, zogen die Echterdinger hinaus zur Federlesmahd, rissen die Burg ab und schleppten die Steine fort. Und nur wenige kennen heute noch den Ort, wo sie einst gestanden.

Der Geisterbanner von Grötzingen

Einst lebte in Grötzingen ein Schinder, der konnte mehr als andere. War es an einem Ort nicht geheuer, so rief man ihn, und er beschwor die Geister und verbrachte sie dahin, wo sie niemanden störten. Fuhr der Schinder mit seinem Karren hinaus zur Hummelsklinge am Schönbuchrand gegen das Aichtal zu, dann hatte er meist hinten am Wagen einen Zwilchsack hängen, und jedes Kind im Städtchen wußte, was darin war, obwohl niemand davon sprach. Draußen in der Klinge machte er dann den Sack auf und bannte mit einem Zauberspruch die Geister, die darin saßen, die ganz bösen unter einen Felsblock, den anderen ließ er freien Lauf in der Schlucht. Kam man des Nachts in die Gegend, so konnte man allerhand Spuk erleben. Oft begegnete man einem Geiger, der hatte Augen so groß wie Wollknäuel und spielte in warmen Sommernächten traurige Weisen auf seiner Fiedel. Deshalb heißt man die Schlucht auch »Geigersklinge«.

Nun geschah es einmal, daß in Wolfschlugen der Mesner und seine Frau mit ihrem bescheidenen Verdienst nicht auskamen. Sie wollten so vornehm tun wie die Pfarrsleute; weil aber das Geld dafür

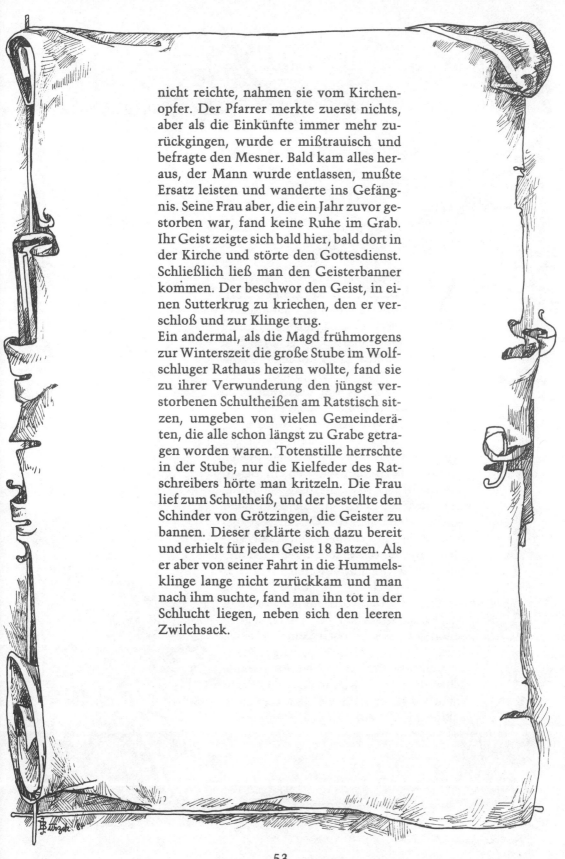

nicht reichte, nahmen sie vom Kirchenopfer. Der Pfarrer merkte zuerst nichts, aber als die Einkünfte immer mehr zurückgingen, wurde er mißtrauisch und befragte den Mesner. Bald kam alles heraus, der Mann wurde entlassen, mußte Ersatz leisten und wanderte ins Gefängnis. Seine Frau aber, die ein Jahr zuvor gestorben war, fand keine Ruhe im Grab. Ihr Geist zeigte sich bald hier, bald dort in der Kirche und störte den Gottesdienst. Schließlich ließ man den Geisterbanner kommen. Der beschwor den Geist, in einen Sutterkrug zu kriechen, den er verschloß und zur Klinge trug.

Ein andermal, als die Magd frühmorgens zur Winterszeit die große Stube im Wolfschluger Rathaus heizen wollte, fand sie zu ihrer Verwunderung den jüngst verstorbenen Schultheißen am Ratstisch sitzen, umgeben von vielen Gemeinderäten, die alle schon längst zu Grabe getragen worden waren. Totenstille herrschte in der Stube; nur die Kielfeder des Ratschreibers hörte man kritzeln. Die Frau lief zum Schultheiß, und der bestellte den Schinder von Grötzingen, die Geister zu bannen. Dieser erklärte sich dazu bereit und erhielt für jeden Geist 18 Batzen. Als er aber von seiner Fahrt in die Hummelsklinge lange nicht zurückkam und man nach ihm suchte, fand man ihn tot in der Schlucht liegen, neben sich den leeren Zwilchsack.

Der Liebesbrunnen bei Wolfschlugen

Vor vielen, vielen Jahren war Wolfschlugen noch ein kleines Dorf. Draußen auf den Bühläckern aber stand ein stattliches Schloß in einem wunderschönen Garten. Es gehörte dem Herrn von Bühl, der hier mit seiner Familie wohnte. Viele Güter zählten zu seinem Besitz, und er war nicht nur reich und angesehen, sondern auch stolz.

Unweit von Wolfschlugen, Köngen zu, lag noch ein Schloß, das dem Herrn von Waldhausen gehörte. Zwischen beiden Familien herrschte seit langem Streit, dessen Ursache so geringfügig war und so weit zurücklag, daß sie niemand mehr wußte. Wenn sich die Herren begegneten, ritten sie grußlos aneinander vorüber. Ihre Knechte aber taten einander Böses an, wo sie nur konnten.

Nun traf es sich, daß der junge Herr von Waldhausen, Reinhard, auf dem Morgenritt einem Mädchen begegnete, das so schön war, wie er noch keines gesehen hatte. Verwirrt grüßte er und fragte nach Namen und Herkunft. Aber die Fremde schwieg und ging weiter. Als er ihr nachschlich, sah er, daß sie den Weg zum Schlosse Bühl einschlug. Da wußte er,

daß er Irmgard, die Tochter seines ärgsten Feindes, getroffen hatte. Weil der junge Ritter erst vor kurzem aus dem Dienst des Kaisers zurückgekehrt war, hatte er sie nicht gleich wiedererkannt. Auch das Mädchen war überrascht von der Begegnung, und als die beiden sich wieder und wieder trafen, aber so heimlich, daß niemand davon erfuhr, gewannen sie einander lieb.

Schließlich faßte sich der junge Ritter ein Herz, trat vor den Herrn von Bühl und bat ihn um die Einwilligung zur Hochzeit. Der Alte, überrascht, daß der Sohn seines Erzfeindes es wagte, seinen Besitz zu betreten, bekam über das Ansinnen einen so gewaltigen Zorn, daß er den jungen Ritter mit Spott und Hohn aus dem Schloß jagen ließ.

Am Abend, als die letzten Lichter verlöscht waren und alles schlief, schlich Irmgard durch den Garten, fand die Pforte offen und wandte sich hinüber zum Brunnen, wo sich die beiden Liebenden treffen wollten. Reinhard erwartete seine Freundin schon und berichtete von seinem Mißerfolg. Sie setzten sich auf den Rand des Brunnens und blickten lange Zeit still hinunter in das Wasser, auf dessen Spiegel das Licht des Mondes schimmerte. Dann verabredeten sie, sich

weiterhin heimlich hier zu treffen und zu warten, ob sich des Vaters Sinn nicht ändere.

Doch nichts deutete darauf hin. Irmgard hatte eine böse Zeit zu durchleben, denn täglich mußte sie die schlimmsten Verwünschungen anhören, mit denen der Alte ihren Freund bedachte. Aus dem Schweigen und der Betroffenheit des Mädchens schloß er, daß die beiden sich weiterhin heimlich trafen. Von Spähern erfuhr er, daß sich sein Verdacht bestätigte. Er wollte die beiden überraschen. Eines Abends, als er die Liebenden am Brunnen wußte, stand er plötzlich vor ihnen, rasend vor Zorn. Das Mädchen erschrak so heftig, daß es sich mit einem gellenden Schrei in die Tiefe des Brunnens stürzte. Reinhard sprang nach, um es zu retten, aber die Wasser schlossen sich über beiden und gaben sie nicht mehr frei.

Die Brunnenmauer hat man längst schon abgetragen und ihre Steine zum Bau eines Hauses verwandt, aber in der Tiefe rauschen immer noch die Wasser und erzählen von der Treue der beiden Liebenden.

Das versunkene Schloß von Waldhausen

Zwischen Wolfschlugen und Unterensingen findet man im Wald ein uraltes Gemäuer, das aus der Römerzeit stammt. Die Bauern aber sagen, das Schloß Waldhausen habe einst hier gestanden. Seine Herren seien steinreich gewesen, aber durch einen Zauber sei alles in der Erde versunken, die Schätze lägen in einer großen eisernen Truhe tief im Boden und würden von einem schwarzen Pudel gehütet. Auch zwei weiße Fräulein habe man an dem Ort des öfteren umgehen sehen.

Etliche Wolfschluger Burschen hatten einmal im Sinn, den Schatz zu heben und die Fräulein zu erlösen. Einer von ihnen war in allerhand Zauberkünsten bewandert, und als er die Geister beschwor, tat sich vor ihnen plötzlich die Erde auf. Die eiserne Truhe erschien, doch als die Burschen nach ihr greifen und sie öffnen wollten, erhob sich auf einmal ein solches Getöse und Gebraus, als ob alle Teufel los wären. Da packte die Wolfschluger ein gewaltiger Schreck, und sie rannten in allen Richtungen davon.

Einer aber, der schwerhörig war, blieb sitzen und erzählte nachher den andern, wie die Schatztruhe vor seinen Augen langsam wieder in der Erde versunken sei.

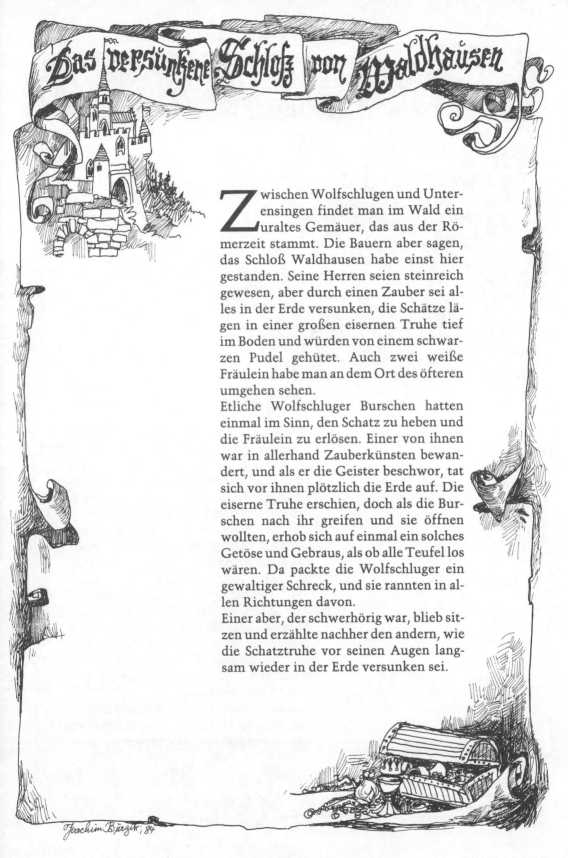

Herzog Ulrich und der Pfeifer von Hardt

Herzog Ulrich von Württemberg war noch jung und unerfahren, als er an die Regierung kam. Dies spürte man bald im Lande. Der Fürst lebte im Überfluß, sein Hof feierte glänzende Feste, das Volk aber litt unter den immer drückenderen Steuerlasten. Vor allem die Bauern waren unzufrieden mit dem neuen Herrn. Als ihnen wieder einmal neue Abgaben auferlegt wurden, rotteten sie sich zusammen, um sich gegen das harte Regiment aufzulehnen. Sie bewaffneten sich mit Sensen, Mistgabeln und Dreschflegeln. Ihrem Heerhaufen aber gaben sie den Namen »Der arme Konrad«, um allen zu zeigen, in welch großer Not sie waren. Einer ihrer Anführer hieß Hans der Pfeifer. Er stammte aus Hardt bei Nürtingen und war bei den Bauern sehr angesehen.

Das Bauernheer zog das Remstal hinauf, der Herzog hinterher. Vor Schorndorf kam es zur Schlacht. Die Bauern konnten

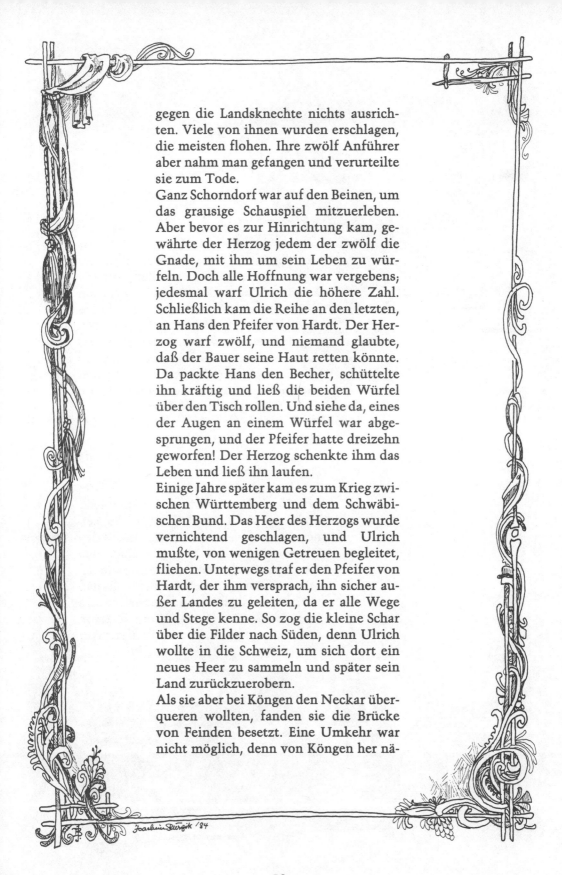

gegen die Landsknechte nichts ausrichten. Viele von ihnen wurden erschlagen, die meisten flohen. Ihre zwölf Anführer aber nahm man gefangen und verurteilte sie zum Tode.

Ganz Schorndorf war auf den Beinen, um das grausige Schauspiel mitzuerleben. Aber bevor es zur Hinrichtung kam, gewährte der Herzog jedem der zwölf die Gnade, mit ihm um sein Leben zu würfeln. Doch alle Hoffnung war vergebens; jedesmal warf Ulrich die höhere Zahl. Schließlich kam die Reihe an den letzten, an Hans den Pfeifer von Hardt. Der Herzog warf zwölf, und niemand glaubte, daß der Bauer seine Haut retten könnte. Da packte Hans den Becher, schüttelte ihn kräftig und ließ die beiden Würfel über den Tisch rollen. Und siehe da, eines der Augen an einem Würfel war abgesprungen, und der Pfeifer hatte dreizehn geworfen! Der Herzog schenkte ihm das Leben und ließ ihn laufen.

Einige Jahre später kam es zum Krieg zwischen Württemberg und dem Schwäbischen Bund. Das Heer des Herzogs wurde vernichtend geschlagen, und Ulrich mußte, von wenigen Getreuen begleitet, fliehen. Unterwegs traf er den Pfeifer von Hardt, der ihm versprach, ihn sicher außer Landes zu geleiten, da er alle Wege und Stege kenne. So zog die kleine Schar über die Filder nach Süden, denn Ulrich wollte in die Schweiz, um sich dort ein neues Heer zu sammeln und später sein Land zurückzuerobern.

Als sie aber bei Köngen den Neckar überqueren wollten, fanden sie die Brücke von Feinden besetzt. Eine Umkehr war nicht möglich, denn von Köngen her nä-

herten sich schon die Verfolger. Da warf sich der Pfeifer, mit nichts anderem bewaffnet als seinem guten Beil, auf die Feinde, schlug nieder, was sich ihm in den Weg stellte, und bahnte sich eine blutige Gasse bis zur Mitte der Brücke. Der Herzog und seine Gefährten folgten und gedachten, die Bündischen niederzureiten. Aber die Übermacht war zu groß, und bald mußte auch Ulrich den Kampf verloren geben. Da nahm sein Getreuester, der Ritter Georg von Sturmfeder, ihm den Herzogsmantel ab und legte ihn sich selber um. Ulrich aber gab seinem Pferd die Sporen, setzte über das Geländer der Brücke und sprengte in den Fluß hinab. Sein Pferd überstand den Sturz unverletzt und trug ihn ans Ufer. Georg wollte seinem Herrn folgen, aber er versank in den Fluten des Neckars. Als die Feinde den Herzogsmantel im Wasser verschwinden sahen, dachten sie nichts anderes, als daß Ulrich ertrunken sei, und sie freuten sich ihres Sieges. Der Herzog aber ritt davon in der Richtung, die ihm der Pfeifer zuvor gewiesen hatte. Dieser wehrte sich verzweifelt, aus vielen Wunden blutend, bis er seinen Herrn in Sicherheit wußte. »Herr Herzog, wir sind quitt!« soll er noch gerufen haben, ehe er sterbend zusammenbrach.

Ulrich wandte sich zunächst nach des Pfeifers Heimat, den Neckar aufwärts gegen Oberensingen und Hardt. Hans hatte ihm von einem Felsspalt in einer Schlucht zwischen den beiden Ortschaften erzählt, der so schmal sei, daß er gerade einem Mann Unterschlupf biete. Dort versteckte sich der Herzog in der ersten Nacht.

Als er anderntags erwachte, beobachtete er ein Spinnlein, das sein Netz über den Eingang der Höhle gesponnen hatte. Plötzlich vernahm er Pferdegetrappel. Seine Feinde hatten inzwischen ihren Irrtum bemerkt und waren auf der Suche nach ihm. Zwei der Verfolger ritten dicht an seinem Versteck vorbei. Er vernahm, wie der eine zum andern sagte: »Gesell, wir wollen die Höhle durchsuchen; gewiß steckt er drinnen.« »Bist du von Sinnen?« erwiderte darauf der andere, »was wird er in der Höhle stecken! Dann hätte er doch beim Hineingehen das Spinnengewebe zerreißen müssen.« Da ritten die beiden weiter. Eine Spinne hatte dem Herzog das Leben gerettet.

Noch heute heißt das Felsenloch unterhalb von Hardt Ulrichstein, und die Brücke, auf der sich der Kampf zugetragen, nennt man Ulrichsbrücke. Der Herzog aber kam außer Landes und konnte erst nach vielen bitteren Jahren seine Heimat wieder zurückerobern.

Die Kanonen von Grötzingen

Zur Zeit des Schmalkaldischen Krieges herrschte in unserer Heimat große Not. Feindliche Heere zogen durchs Land, raubten und plünderten und brannten ganze Dörfer nieder. Auch die Grötzinger hatten Sorge um ihr Hab und Gut. Wohl war das kleine Städtlein von einer Mauer umgeben, wohl hatte man den breiten Stadtgraben mit dem Wasser der Aich gefüllt, wohl waren die Bürger entschlossen, sich tapfer zur Wehr zu setzen, aber es fehlten die Kanonen! Als man einst in Geldnöten war, hatte man das Geschütz verkauft.

Da war guter Rat teuer, als tatsächlich eines schönen Tags ein feindlicher Heerhaufen vor der Stadt auftauchte. Aber zu den Bürgern zählte ein Schmied, ein besonders kluger und findiger Bursche. Der erinnerte sich, daß man vor kurzem Baumstämme in die Stadt gebracht und ausgehöhlt hatte, um eine neue Brunnenleitung zu legen. Die schoben nun die Grötzinger zu den Schießscharten ihrer Stadtmauer hinaus.

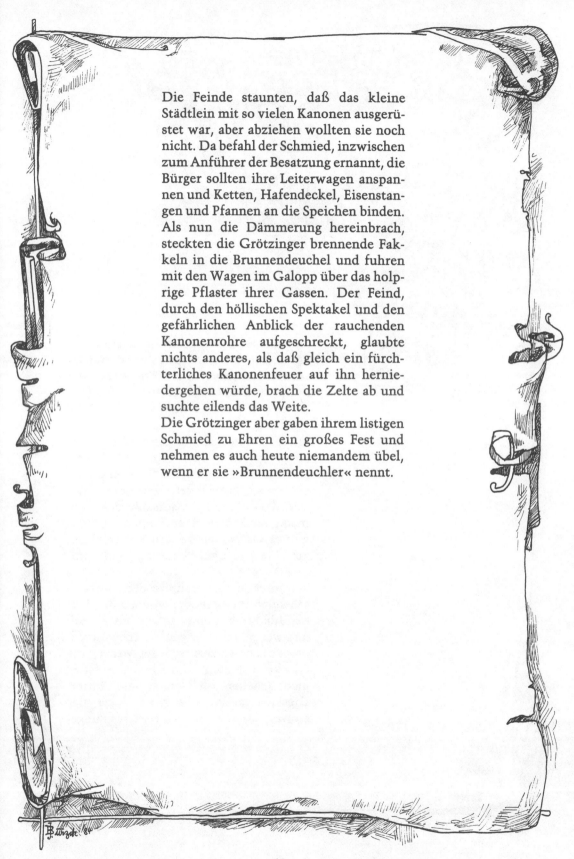

Die Feinde staunten, daß das kleine Städtlein mit so vielen Kanonen ausgerüstet war, aber abziehen wollten sie noch nicht. Da befahl der Schmied, inzwischen zum Anführer der Besatzung ernannt, die Bürger sollten ihre Leiterwagen anspannen und Ketten, Hafendeckel, Eisenstangen und Pfannen an die Speichen binden. Als nun die Dämmerung hereinbrach, steckten die Grötzinger brennende Fakkeln in die Brunnendeuchel und fuhren mit den Wagen im Galopp über das holprige Pflaster ihrer Gassen. Der Feind, durch den höllischen Spektakel und den gefährlichen Anblick der rauchenden Kanonenrohre aufgeschreckt, glaubte nichts anderes, als daß gleich ein fürchterliches Kanonenfeuer auf ihn herniedergehen würde, brach die Zelte ab und suchte eilends das Weite.

Die Grötzinger aber gaben ihrem listigen Schmied zu Ehren ein großes Fest und nehmen es auch heute niemandem übel, wenn er sie »Brunnendeuchler« nennt.

Das Stadtsäule von Grötzingen

In der Heiligen Schrift ist zu lesen, daß man Jesus einst einen von bösen Geistern Besessenen brachte. Als er ihn heilte, so wird berichtet, fuhren die Teufel in eine Herde Säue, die in der Nähe weidete.

Ob das Borstentier, das einst durch Grötzingen geisterte, auch vom Teufel besessen war, weiß man nicht. Es scheint eher ein listiges und behendes Tier gewesen zu sein, das Grötzinger Stadtsäule, denn niemand vermochte es zu fangen; und das will etwas heißen bei einer so kleinen, von Mauern umschlossenen Stadt. Immer tauchte das Säule auf, wo niemand es vermutet hatte, schlüpfte dem aufkreischenden Weibervolk zwischen den Beinen hindurch, rannte gaßauf und gaßab und war plötzlich wieder verschwunden. Eines Tages weigerte sich der Mesner, die Glocke zu läuten. »Im Kirchturm ist es nicht geheuer«, meldete er dem Pfarrer. Dieser, erzürnt darüber, daß sogar das Gotteshaus von bösen Geistern heimgesucht wurde, ging gleich am andern Morgen der Sache nach. Als aber der Kirchendiener die Turmtür öffnete, stürzte das Stadtsäule heraus und versuchte, zwischen den Beinen des Pfarrers zu entkommen. Da dieser jedoch klein von Gestalt war, riß ihn das Borstentier mit und trug ihn auf seinem Rücken davon, die Gasse zum Kornkasten hinabrennend. Hochwürden aber hielt sich unerschrocken am Sauschwanz fest, um nicht zu stürzen, und soll dem verdutzten Mesner sogar noch zugerufen haben: »B'hüt di Gott, jetzt hot me dei Goischt!«

Ob das Stadtsäule wieder unbehelligt entkommen konnte oder schließlich in der Pfarrküche die ewige Ruhe fand, wird nicht berichtet.

Die Wasserfräulein von Hammetweil

Am linken Ufer des Neckars, gegenüber von Mittelstadt, liegt das Hofgut Hammetweil. Dort stand in alten Zeiten ein Schloß. In der Nähe des Schlosses sah man früher zuweilen zwei Wasserfräulein im Neckar baden, und manchmal vernahm man auch ihren Gesang über den Wellen. Die beiden waren scheu und versteckten sich meist, wenn sich Menschen näherten. Des Nachts aber kamen sie oft in die Wohnungen der umliegenden Dörfer.

Im nahegelegenen Walddorf hieß man sie Hochzeiterinnen, weil sie am Lande stets weiß gekleidet gingen und Blumenkränze im Haar trugen. Sie waren klein und zierlich von Gestalt wie Kinder und hatten pechschwarze Haare. Ihre Füße verbargen sie in Schuhen, denn sie glichen eher denen von Wasservögeln als denen der Menschen.

Waren sie zu Gast bei den Bauern, so machten sie sich gerne nützlich, rührten den Teig und buken Brot, spannen Wolle und erledigten überhaupt alle Hausarbeiten so geschickt und schnell, daß man nur staunen konnte. Aber ansprechen durfte man sie nicht, sonst verschwanden sie. Deshalb kannte auch niemand ihre Namen. Ihre Wohnung, so sagte man, sei der Wasserfall im Märzenbach gewesen, kurz ehe dieser in den Neckar mündet. Dort hätten sie in der Weihnachtszeit oft Windeln im eiskalten Wasser gewaschen.

Nun wohnte in Mittelstadt ein Kelterknecht, ein junger und bescheidener Bursche. Mit dem traf eines der Fräulein öfters auf dem Feld zusammen und unterhielt sich mit ihm. Eines Tages sagte es zu dem Burschen: »Du bist der einzige Mann, der mich erlösen könnte«, und als er es fragend anschaute, fuhr es fort: »Im Keller des Schlosses droben steht eine Truhe voller Gold. Auf ihr sitzt ein Pudel, der den Schatz bewacht. Tritt ohne Furcht hinzu, pack ihn und heb ihn weg, auch wenn er bellt und Feuer speit, denn dir kann er nichts anhaben. Hab auch keine Angst, wenn garstige Schlangen und Kröten an dir hinaufkriechen, dir auf die Schultern klettern und den Rücken hinabschlüpfen, denn wisse, ich bin es selbst, der dir in der Gestalt dieser Tiere erscheint. Wenn du all dies unerschrocken über dich ergehen läßt, so wird sich die Schatztruhe von selber auftun, und das Gold ist dein eigen. Mich aber hast du erlöst.«

So sprach das Fräulein zu dem Kelterknecht und begleitete ihn bis zur Mittelstädter Brücke. Dem Burschen aber graute vor den Gefahren, und er schüttelte nur immer den Kopf und murmelte: »Gott helf dir, ich kann nicht.« Als das Wasserweib sah, daß all sein Bitten umsonst war, jammerte es und sprach: »Jetzt muß ich noch dreihundert Jahre warten.« Da erhob sich ein gewaltiger Sturm, der das Wasser des Neckars aufwühlte, und das Fräulein verschwand in den Wellen. Der Kelterknecht aber kehrte ganz verstört nach Hause zurück. Von Stund an lag er krank zu Bett und blickte nur immer unverwandt hinüber zum Fluß, ob er das Fräulein sähe.

Die Wasserfräulein blieben verschwunden, und übers Jahr starb der Bursche. Als man den Sarg in die Erde senkte, habe man im Schilf jemanden bitter klagen hören.

Die Schleiermadel

In Neckartenzlingen erzählt man sich, einst habe zum Pfarrhaus ein Stall gehört, in dem es nicht geheuer gewesen sei. Die Tiere erkrankten, wurden lahm, starben an seltsamen Leiden. Auch habe man jeden Morgen in der Dämmerung eine Frau aus dem Stall kommen und zur Erms hinuntergehen sehen, einen Kübel an der Hand, als ob sie etwas waschen wollte. Ihre Kleidung sei recht altertümlich gewesen, und weil ihr Gesicht von einem Schleier verhüllt war, hieß man sie die Schleiermadel.

Der Pfarrer gab nicht viel auf das Geschwätz der Leute, und weil er glaubte, die Krankheit der Tiere käme vom Salpeter im Erdreich, ließ er den Boden des Stalls umgraben. Da fand man in der Ecke des alten Gebäus eine Schüssel mit einem kleinen Kindergerippe. Nun glaubte man zu wissen, wer die Schleiermadel war: eine frühere Pfarrmagd, die einst ihr Kind umgebracht und heimlich hier verscharrt hatte.

Das Gerippe brachte man einstweilen in die Sakristei, und die Mesnerin zeigte es bereitwillig allen, die den grausigen Fund sehen wollten. In der Nacht aber kam die Schleiermadel zu ihr in die Kammer und packte und schüttelte sie, daß die Bettlade krachte. Sonst geschah ihr kein Leid, und da die Frau sich nicht fürchtete, fuhr sie fort, das Kindergerippe zu zeigen.

Schließlich begrub man den Fund auf dem Friedhof. In der Nacht aber wachten die Pfarrersleute auf, weil sich auf einmal die wohlverschlossene Tür öffnete, und sie vernahmen Geräusche, als ob jemand auf ihr Bett zukrieche. Plötzlich spürte der Pfarrer, wie eine schwere Last auf ihn fiel. Er konnte sich nicht mehr rühren und stöhnte verzweifelt: »Pack dich, du verfluchte Seele, an den von deinem gerechten Richter bestimmten Ort!« Da ließ ihn die Last los, und er konnte wieder Atem holen.

Drei Tage später starb der Pfarrer. Die Schleiermadel aber wurde von da an nicht mehr gesehen.

Das Hardtmännle

Zwischen Mittelstadt und Neckartenzlingen liegt ein kleiner Wald, den man »Hardt« nennt. Dort hauste vor alter Zeit ein gar seltsames Männlein. Meist trug es einen grünen Rock und einen runden Hut, aber zuweilen erschien es den Leuten auch in anderer Gestalt und Kleidung, daß sie erschraken und davonliefen. Einmal zeigte es sich ganz durchsichtig, daß man bei ihm alle Rippen zählen konnte, und es schien, als brenne ein Licht in seinem Leib. Manchmal hörte man auch Axtschläge im Wald. Suchte man aber nach den Holzfällern, so fand sich niemand. Die Leute sagten dann: »Das Hardtmännle hat Holz g'hackt.«

Der Brezel-Bäcker von Altenriet

Einst lebte in Altenriet ein Bäckermeister, der sein Handwerk recht gut verstand. Seine Brote, Wecken und Kuchen wurden gerne gekauft, und selbst der Ritter auf der Burg Neuenriet erfreute sich an seinem wohlschmeckenden Backwerk.

Eines Tages aber drangen die Knechte des Burgherrn in die Backstube. Bald entdeckten sie, was sie suchten: In einem Winkel hatte der Meister ein Säcklein mit gemahlenem Kalk versteckt. Da half alles Leugnen nichts; er mußte zugeben, daß er seit einiger Zeit dem Mehl Kalk beigemischt hatte, um Kosten zu sparen. Die Knechte nahmen den Betrüger mit und warfen ihn ins Burgverlies.

Nun war die Sorge groß in der Familie des Bäckers, denn damals galten harte Strafen für solcherlei Vergehen. Man mußte damit rechnen, daß dem Vater die Hand abgehackt wurde, daß er seine Arbeit aufgeben mußte oder daß er viele Jahre eingekerkert blieb. Die Frau des Bäckers bat den Ritter um Gnade, und die Altenrieter unterstützten sie und erinnerten daran, daß der Meister jahrelang fleißig und redlich zu aller Zufriedenheit seine Arbeit getan hatte.

Da ließ der Herr den Übeltäter kommen und sprach: »Ich will Gnade vor Recht ergehen lassen, wenn du mir einen Kuchen backst, durch den dreimal die Sonne hindurchscheinen kann.« Man führte den Bäcker in seine Backstube, und da fand er, was er brauchte: Mehl und Milch, Schmalz und auch einige Eier. Unschlüssig ging er an die Arbeit, knetete den Teig und suchte nach einer Lösung der Aufgabe: ein Kuchen, durch den dreimal die Sonne scheinen kann. –

Als er sich in seiner Backstube umschaute und nachdenklich die Sonnenflecken auf dem Boden betrachtete, die durch die Fensterrahmung zustande kamen, hatte er plötzlich den rettenden Einfall.

Er formte aus dem Teig eine Brezel, bestreute sie mit Salz und schob sie in den Ofen. Und siehe da, als er das knusprige Gebäck nach einer Weile wieder herausholte und ins Licht hielt, da schien die Sonne an drei Stellen hindurch!

Der Ritter lachte über den knitzen Einfall des Meisters, ließ sich die Brezel schmecken und schenkte dem Bäcker die Freiheit. Und weil das neue Gebäck bald überall bekannt und gerne gegessen wurde, gab er den Altenrietern die Erlaubnis, jedes Jahr am Palmsonntag einen Markt abzuhalten, auf dem nur Brezeln verkauft wurden.

Der Brauch hat sich bis heute erhalten. Am Sonntag vor Ostern kommen Leute von nah und fern zum Brezelmarkt nach Altenriet. Auf einer Wiese im Gewann Grünschnabel werden in Körben Tausende von Brezeln angeboten und verkauft. Kehrt man dann zu einem Bier oder einem Glas guten Weins im nächsten Gasthof ein, so schmeckt das Gebäck noch besser.

So wurde Altenriet bekannt durch seinen Brezelmarkt, und es ist kein Wunder, daß das Ortswappen zwei Brezeln zeigt.

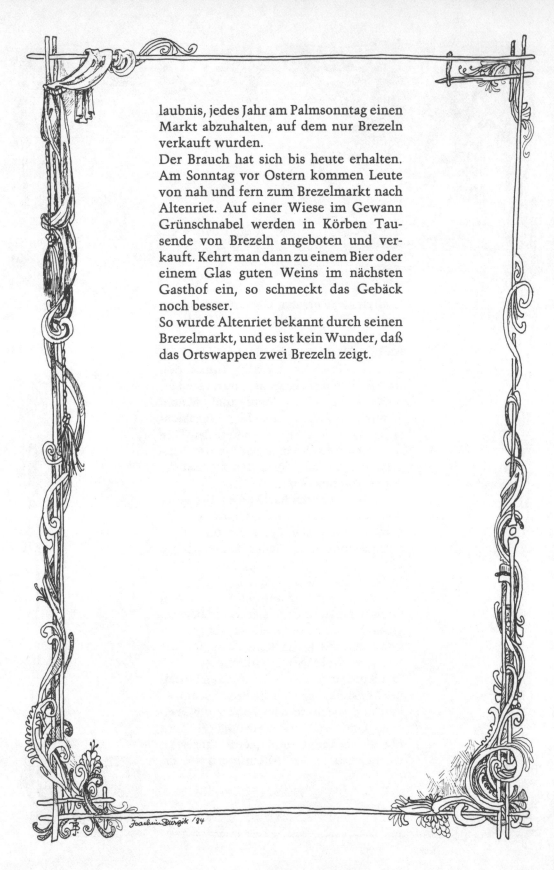

Der Turmgeist

Dort, wo der Höllenbach bei Altenriet in den Neckar mündet, stand einst auf einem steilen Bergvorsprung das Schloß Neuenriet. Es gehörte den Edelleuten Dürner von Dürnau. Von dem Gemäuer blieb lange noch ein Turm übrig, der aber vor mehr als hundert Jahren abgebrochen wurde.

Mit diesem Turm hatte es eine besondere Bewandtnis. Ein unterirdischer Gang soll von ihm unter dem Neckar hindurch bis in ein Wäldchen jenseits des Tales geführt haben. Im Turme aber trieb ein Geist sein Unwesen. In mondhellen Nächten sah man ihn zuweilen an der Außenseite des runden Gemäuers emporklettern, obwohl keine Leiter da war. Und gelangte er oben an, so stieg er wie auf einer Wendeltreppe weiter hoch in die Luft empor, hielt schließlich inne und setzte ein Horn an den Mund, als ob er blasen wollte. Bekleidet war die Erscheinung wie ein Edelmann zu der Zeit, als die Dürner noch auf Neuenriet wohnten, und auf dem Kopfe trug sie einen runden Hut.

Einmal hatte sich eine Frau aus Altenriet beim Holzsammeln verspätet. Als sie nun an dem Turm vorbeikam, hörte sie drinnen jemanden niesen. »Helf Gott!« sagte sie daraufhin, wie's dort der Brauch ist. Und sie sagte noch ein zweites Mal »Helf Gott!«, als der im Turm wieder nieste. Als sich aber das Niesen noch einmal wiederholte, bekam es die Frau mit der Angst zu tun. Sie schwieg und ging schnell ihres Wegs. Da hörte sie ein entsetzliches Jammern in dem Gemäuer. Hätte sie ein drittes Mal »Helf Gott!« gesagt, so wäre der Turmgeist sicher erlöst gewesen.

Die Schlange am Höllenbach

Zwischen Altenriet und Schlaitdorf am Rande des Schönbuchs zieht sich eine Schlucht gegen den Neckar hin, die nennt man die Hölle, und das Bächlein, das sie durchfließt, den Höllenbach. Dort soll es nicht geheuer sein. Manche behaupten, sie hätten nachts einen Reiter auf einem Schimmel durch die Schlucht sprengen sehen, der habe seinen Kopf unter dem Arm getragen. Der furchtbare Anblick hätte sie so erschreckt, daß sie sich schnell im Gebüsch verkrochen, bis der Spuk vorbeigewesen wäre.

Einmal kam ein Metzger mit seinem Hund durch die Schlucht. Da sah er eine seltsame Schlange mit einem Krönlein auf dem Kopf über den Weg kriechen. Weil er ein beherzter Mann war, schlich er dem Tier nach und kam alsbald an einen Platz, wo ein Haufen Gold aufgeschüttet lag. Der Mann schaute sich um; die Schlange war verschwunden. Da begann er schnell seine Taschen mit dem Gold zu füllen. Plötzlich fing sein Hund an zu bellen und zu heulen. »Bist still, dummer Kerl!« rief der Metzger. Im Augenblick aber war alles Gold verschwunden. Er konnte suchen, solange er wollte, nicht ein einziges Stück ließ sich mehr finden.

Annamadele

Wenn man von Nürtingen auf einem schmalen Fußweg durch den Wald nach Frickenhausen geht, findet man rechter Hand eine Lichtung mit einer sumpfigen Wiese. Hier soll einst ein Teich gewesen sein, und der Ort war so unheimlich, daß man sich erzählte, Geister gingen um. Vor allem das Annamadele trieb hier sein Unwesen, und von ihm berichten die Sagen folgendes:

Annamadele, ein Nürtinger Mädchen, war einem Handwerksburschen zugetan, der ihr auch die Heirat versprach, aber eines Tages verschwunden war, niemand wußte, wohin. Das Mädchen war bitter enttäuscht vom Wortbruch des Geliebten, schlimmer aber bedrückte es die Gewißheit, daß unter seinem Herzen ein Kind wuchs. Es wußte, was dies bedeutete: Niemand würde es achten, ihre Eltern würden es mit Schimpf und Schande fortjagen, und das Kind, das keinen Vater hatte, würde sein ganzes Leben lang verhöhnt und verspottet werden.

Annamadele versuchte, seinen Zustand so lange wie möglich zu verbergen, und als die Stunde der Geburt kam, schlich es sich voller Angst hinaus in den Wald, Frickenhausen zu. Im tiefsten Dickicht brachte es sein Kind zur Welt und ertränkte es unter bitteren Tränen im nahen Teich.

Niemand ahnte die Tat, doch Annamadele starb bald darauf. Aber weil das Verbrechen nicht gesühnt war, fand es keine Ruhe, geisterte durch den Wald, nach dem Kind rufend, wusch im Teich seine

Windeln und erschien auch späten Wanderern, eine grausige Gestalt in blutigem Hemd. Wer sie sah, ging in die Irre, und erst wenn er die Schuhe wechselte, fand er wieder aus dem Wald hinaus.

Eine andere Sage berichtet, Annamadele habe in Nürtingen in einem Haus an der Brunnsteige einen Kramladen betrieben. Es sei habgierig gewesen und habe beim Wiegen der Waren falsche Gewichte benutzt.

Niemand zeigte es an, aber nach seinem Tod fand es keine Ruhe. Um Mitternacht rumorte es im Ladenstübchen, und eine Stimme schrie immer wieder: »Madele, wieg wohl!«

Der Lärm war manchmal so groß, daß die ganze Nachbarschaft aufwachte und sich über die Ruhestörung beschwerte. Schließlich erbot sich der Mesner, ein gar frommer und beherzter Mann, der mit Geistern umzugehen verstand, dem Übel abzuhelfen. Er beschwor die arme Seele und verbannte sie in einen Sutterkrug, den er hinaustrug zu dem Wasserloch im Frickenhäuser Wald, das seither den Namen Annamadelesteich trägt. Eine Erlösung des Geistes gelang ihm aber nicht, denn heute noch soll dort um Mitternacht die klagende Stimme Annamadeles zu hören sein: »Madele, wieg wohl!«

Der blinde Geiger und das Kirchheimer Kloster

Vor alter Zeit stand vor den Mauern Kirchheims ein Kloster, in dem fromme Frauen wohnten. Sie hatten sich vorgenommen, nach strengen Regeln in Armut ein gottgefälliges Leben zu führen.

An einem Winterabend nun geschah es, daß jemand an die Klosterpforte pochte. Als eine der Frauen das Fenster öffnete und hinausschaute, sah sie einen alten Mann in abgerissener Kleidung im Schneetreiben draußen stehen. Seine Augen waren glanzlos, wie erloschen, und jeder erkannte, daß er blind war. Er fror jämmerlich und bat um Speise und ein Notlager. Die Frauen gaben ihm gern von dem wenigen, das sie besaßen, aber einlassen durften sie ihn nicht, denn die Regeln verlangten, daß kein Mann das Kloster betrat.

Doch der Alte war dankbar für die bescheidene Gabe, und als er sich gestärkt hatte, zog er aus den Taschen seines Mantels eine Geige hervor und begann zu spielen. Sein Lied klang zuerst traurig; es schien zu weinen, zu klagen und zu seufzen, alles Leid der Erde hörbar zu machen.

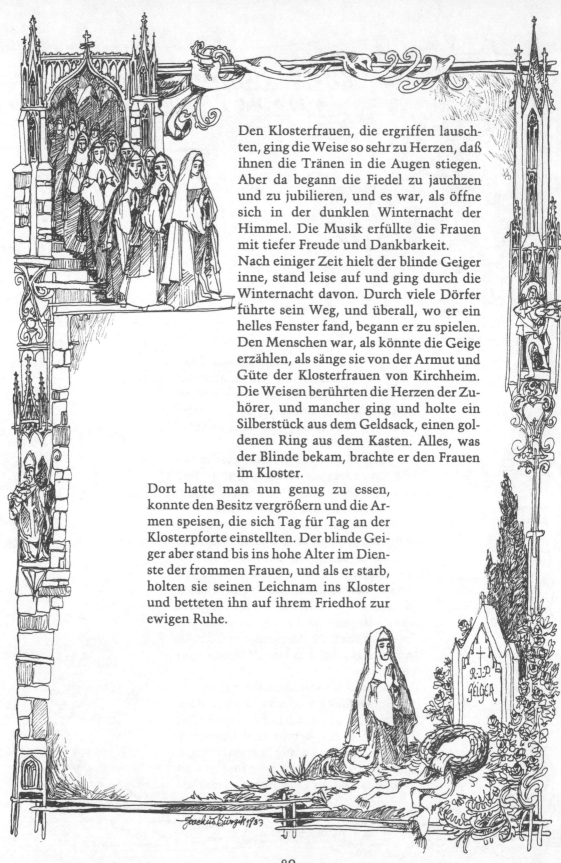

Den Klosterfrauen, die ergriffen lauschten, ging die Weise so sehr zu Herzen, daß ihnen die Tränen in die Augen stiegen. Aber da begann die Fiedel zu jauchzen und zu jubilieren, und es war, als öffne sich in der dunklen Winternacht der Himmel. Die Musik erfüllte die Frauen mit tiefer Freude und Dankbarkeit.

Nach einiger Zeit hielt der blinde Geiger inne, stand leise auf und ging durch die Winternacht davon. Durch viele Dörfer führte sein Weg, und überall, wo er ein helles Fenster fand, begann er zu spielen. Den Menschen war, als könnte die Geige erzählen, als sänge sie von der Armut und Güte der Klosterfrauen von Kirchheim. Die Weisen berührten die Herzen der Zuhörer, und mancher ging und holte ein Silberstück aus dem Geldsack, einen goldenen Ring aus dem Kasten. Alles, was der Blinde bekam, brachte er den Frauen im Kloster.

Dort hatte man nun genug zu essen, konnte den Besitz vergrößern und die Armen speisen, die sich Tag für Tag an der Klosterpforte einstellten. Der blinde Geiger aber stand bis ins hohe Alter im Dienste der frommen Frauen, und als er starb, holten sie seinen Leichnam ins Kloster und betteten ihn auf ihrem Friedhof zur ewigen Ruhe.

Der Rotgockel von Ötlingen

Vor langer Zeit lebten in Ötlingen einige reiche Bauern. Das Dorf war ihnen zu eng und armselig, deshalb bauten sie ihre Höfe auf die Höhe, dort, wo die Steige nach Notzingen hinaufführt. Hier fühlten sie sich frei; niemand konnte sehen, was sie trieben, niemand ihnen dreinreden. Den Ort, wo sie siedelten, nannten sie Rot.
Zunächst schien das Glück ihnen gewogen zu sein. Auf ihren Feldern wuchs das Korn wie sonst nirgends, ihr Vieh gedieh, und bald mußten sie ihre Güter erweitern, um alles unter Dach und Fach zu bringen, was sich an Reichtümern bei ihnen angesammelt hatte. Aber auch ihr Stolz wuchs, und mit den ärmeren Bauern in Ötlingen wollten sie nichts mehr zu tun haben. Schließlich kam es so weit, daß sie es verschmähten, zur Kirche zu gehen.
Eines Sonntags läuteten wieder einmal die Glocken zum Gottesdienst, in Rot aber machte niemand Anstalten, ihrem Ruf zu folgen. Doch als der letzte Glockenton verhallt war, tat sich plötzlich die Erde auf, und Häuser und Menschen,

Tiere und Geräte, alles stürzte in eine riesige Spalte. Der Boden schloß sich über den Trümmern wieder, und ringsum herrschte nach dem Getöse beängstigende Stille. Nur ganz in der Ferne hörte man dumpf und hohl einen Hahn krähen. Manche Leute glauben ihn heute noch zu hören, wenn sie über den Ort gehen, und die Mütter in Ötlingen sagen zu einem Kind, das nicht gleich folgen will: »Paß auf, gleich kommt der Rotgockel und nimmt dich mit unter die Erde!«

die Sauglocke

Eine der Glocken auf dem Köngener Kirchturm hat einen besonders schönen Klang. Warum sie den Namen Sauglocke trägt, erzählt folgende Geschichte:

Als ein Köngener einmal am Neckar zu tun hatte, bemerkte er eine Wildsau, die im Uferschlamm wühlte, als habe sie einen besonderen Fund getan. Der Mann lief hinzu, verscheuchte das Tier und entdeckte in dem Loch, das es gegraben hatte, einen glänzenden Gegenstand. Er versuchte ihn zu bergen, aber als seine Kräfte nicht ausreichten, rief er andere herbei, und gemeinsam zogen sie eine mächtige Glocke aus dem Schlamm. Keine Inschrift verriet ihre Herkunft und wer sie einst im Neckar versenkt hatte. Die Köngener aber erfreuen sich heute noch ihres Fundes.

Am Schinderbach bei Plochingen

Manche bleiben des Nachts der Klinge fern, durch die der Schinderbach dem Neckar zufließt, denn es heißt, dort ginge einer um. Ein Plochinger Fuhrmann aber hatte keine Angst vor Gespenstern und wählte oft mit seinem Gespann diesen Weg nach Altbach. Dabei ließ er einen Owener Boten aufsitzen, damit er Gesellschaft hatte.

Aber immer wenn sie an den Schinderbach kamen, wurde der Gaul unruhig, zerrte hin und her und wollte nicht mehr weiter. Erst wenn der Fuhrmann abstieg, dem Tier gut zusprach und es am Zügel über das Brücklein führte, gehorchte es wieder und tat seinen Dienst.

Darüber wunderte sich der Plochinger und fragte einmal seinen Gast, was er denn von der Sache halte. Da sagte dieser, er selber habe einmal im Rausch an dieser Stelle nach dem Teufel gerufen, und seither warte dieser hier am Schinderbach immer auf ihn, nehme das Pferd am Zügel und wolle es mitführen.

Der Fuhrmann schaute den Boten an, schwieg und fuhr weiter. Von dem Tag an ließ er ihn aber nicht mehr aufsitzen.

Die Goldene Kröte

Bei Deizisau am Neckar liegt ein Hügel, der Burgstall genannt. Auf ihm soll einst ein prächtiges Schloß gestanden haben. Weder Mauerreste noch Gräben erinnern heute daran, aber die Sage erzählt, in den Kellergewölben liege ein kostbarer Schatz verborgen. Doch nur wenige wagen sich des Nachts an diesen Ort, denn man sagt, ein schrecklicher Riese gehe dort um. Auch sei der Schatz in einer eisernen Truhe verschlossen. Ein weißer Pudel mit einem Schlüsselbund im Maul bewache ihn. Neben dem Schatz aber sitze eine riesige Kröte.

Die Herrin, der einst das Schloß gehörte, war wegen ihres Geizes und ihrer Hartherzigkeit berüchtigt. Als einmal an einem kalten Wintertag eine Bettlerin an das Tor klopfte und um Hilfe bat, wurde sie mit harten Worten abgewiesen. In ihrer Verzweiflung verfluchte die Arme das Schloß und seine Herrin und rief: »Bis zum Jüngsten Tag sollst du als Kröte in einem finsteren Erdloch sitzen und dich nie mehr deines Reichtums erfreuen können!«

Der Fluch erfüllte sich, seit langer Zeit sitzt die Kröte unbeweglich neben der verschlossenen Schatztruhe. Alle hundert Jahre aber wird ein kleines Stück ihrer schleimigen Haut zu Gold. Wenn die Kröte ganz und gar übergoldet sei, so sagt man, könne der Schatz gehoben werden. Aber das wird noch viele hundert Jahre dauern.

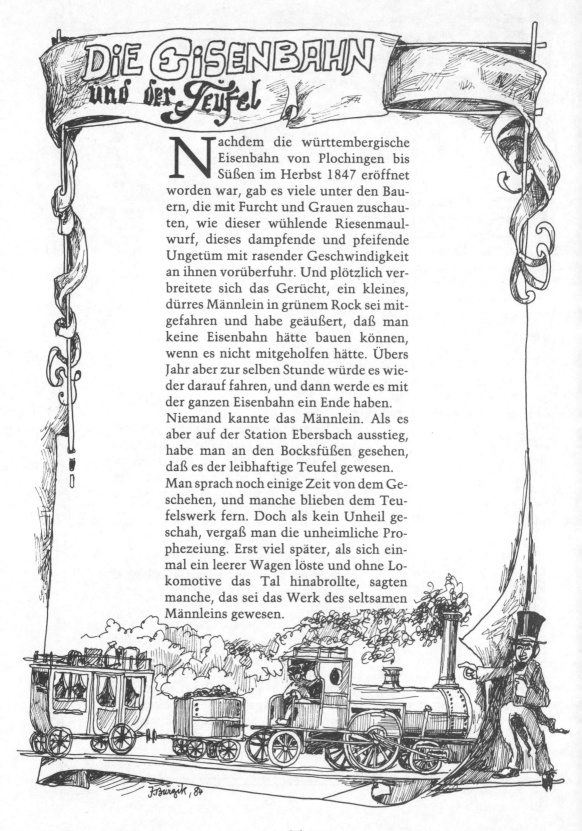

Die Eisenbahn und der Teufel

Nachdem die württembergische Eisenbahn von Plochingen bis Süßen im Herbst 1847 eröffnet worden war, gab es viele unter den Bauern, die mit Furcht und Grauen zuschauten, wie dieser wühlende Riesenmaulwurf, dieses dampfende und pfeifende Ungetüm mit rasender Geschwindigkeit an ihnen vorüberfuhr. Und plötzlich verbreitete sich das Gerücht, ein kleines, dürres Männlein in grünem Rock sei mitgefahren und habe geäußert, daß man keine Eisenbahn hätte bauen können, wenn es nicht mitgeholfen hätte. Übers Jahr aber zur selben Stunde würde es wieder darauf fahren, und dann werde es mit der ganzen Eisenbahn ein Ende haben.
Niemand kannte das Männlein. Als es aber auf der Station Ebersbach ausstieg, habe man an den Bocksfüßen gesehen, daß es der leibhaftige Teufel gewesen.
Man sprach noch einige Zeit von dem Geschehen, und manche blieben dem Teufelswerk fern. Doch als kein Unheil geschah, vergaß man die unheimliche Prophezeiung. Erst viel später, als sich einmal ein leerer Wagen löste und ohne Lokomotive das Tal hinabrollte, sagten manche, das sei das Werk des seltsamen Männleins gewesen.

Zwerg Gürtelknopf auf dem Florian

Dem Friederle in Kappishäusern ist einmal Seltsames widerfahren: Eines Nachts, als er im Bett lag und vor Hunger nicht einschlafen konnte, denn er war ein armer Schlucker, ging plötzlich das Fenster auf, und eine helle Kugel rollte in seine Kammer, gerade auf das Bett zu. An der Wand aber stand in feuriger Schrift: »Komm heute nacht zum Floriansberg!«

Der Friederle brachte kein Wort hervor, da war der Spuk wieder verschwunden. Ganz verstört kroch er aus dem Bett, schlüpfte in seine Kleider und stieg den Berg hinauf.

Wie jedermann wußte, hauste da oben ein Zwerg, ein gar wunderliches Männlein, das schon mancherlei Unheil angerichtet, aber auch vielen, die in Not waren, geholfen hatte. Niemand kannte seinen Namen; weil es an seinem Gürtel einen riesigen Knopf trug, hieß man es Zwerg Gürtelknopf.

Als der Friederle schließlich oben ankam, schaute er sich um. Niemand war zu sehen. Der Mond verbarg sich zuweilen hinter rasch dahinziehenden Wolkenfetzen, dürre Äste knarrten im Wind, und

drüben im Wald schrie eine Eule. Am liebsten wäre er den Berg wieder hinabgerannt, aber er fürchtete sich, dem Gebot nicht zu folgen. Da schlug es auf der Stadtkirche zu Metzingen zwölf Uhr. Als der letzte Ton verhallt war, lohte auf dem Berggipfel ein mächtiges Feuer auf, und eine sonderbare Musik erklang. Neugierig schlich der Friederle sich näher. Hinter einem Felsen verborgen, sah er mit Verwunderung, wie eine Schar von Mädchen um die Flammen tanzte. Sie hatten sich an den Händen gefaßt, bildeten einen Kreis um das Feuer und bewegten sich mit solcher Anmut, daß der Bursche meinte, noch nie in seinem Leben etwas so Schönes gesehen zu haben.

Schließlich bemerkte ihn eines der Fräulein. Es lächelte, löste sich aus dem Kreis, nestelte an dem Hals, machte eine goldene Kette los und warf sie ihm zu. Friederle aber war so verdutzt, daß er sie zu fangen vergaß, und sie fiel zu Boden. Schnell sprang der Bursche hinter seinem Versteck hervor und bückte sich, sie aufzuheben.

Da stand plötzlich ein kleines Männlein vor ihm. »Gürtelknopf«, stammelte der Friederle, und schon hatte er zwei Ohrfeigen eingefangen, daß ihm Hören und Sehen verging. Kaum daß er den Weg wiederfand hinunter nach Kappishäusern.

Drei Tage lang lag er krank zu Bett, aber dann stieg er wieder den Berg hinauf und suchte nach der goldenen Kette. Doch alle Mühe war umsonst.

Als der Friederle enttäuscht und hungrig in seine Kammer zurückkehrte, erlebte er aber eine besondere Überraschung: Der Tisch war mit köstlichen Speisen gedeckt. Und jeden Morgen, wenn er aufstand, warteten andere Leckerbissen auf ihn. So hat es das Zwerglein doch noch gut gemeint mit dem Friederle.

Der goldene Sarg

Vor langer Zeit stand droben am Heidengraben bei Grabenstetten eine große Burg. Man nennt heute noch die Stelle, wo der Weg zum Dorf hinüber den Wall durchbricht, das Rittertor. Der letzte Herr der Burg, ein mächtiger Fürst, war so reich, daß er verlangte, nach seinem Tod in einem goldenen Sarg begraben zu werden. Seine kostbaren Schätze aber sollte man ihm mit ins Grab legen.

Nun gab es aber damals schon Menschen, die heimlich die Gräber durchwühlten und die Ruhe der Toten störten, um in den Besitz der wertvollen Beigaben zu kommen. Die Sorge, daß auch ihm dieses Schicksal drohe, bedrückte den Fürsten, und er teilte sie seinem besten Freund mit. Dieser verbürgte sich dafür, das Geheimnis der Grabstätte zu wahren.

Nach der Bestattung des edlen Herrn tötete er deshalb alle Knechte des Fürsten, die den Grabhügel kannten, und legte sie zu dem Toten. Dann zog er fort, und niemand hörte mehr von ihm.

Viele suchten schon nach den vergrabenen Schätzen, aber alle Mühe war bisher umsonst.

Die Geister vom Hohenneuffen

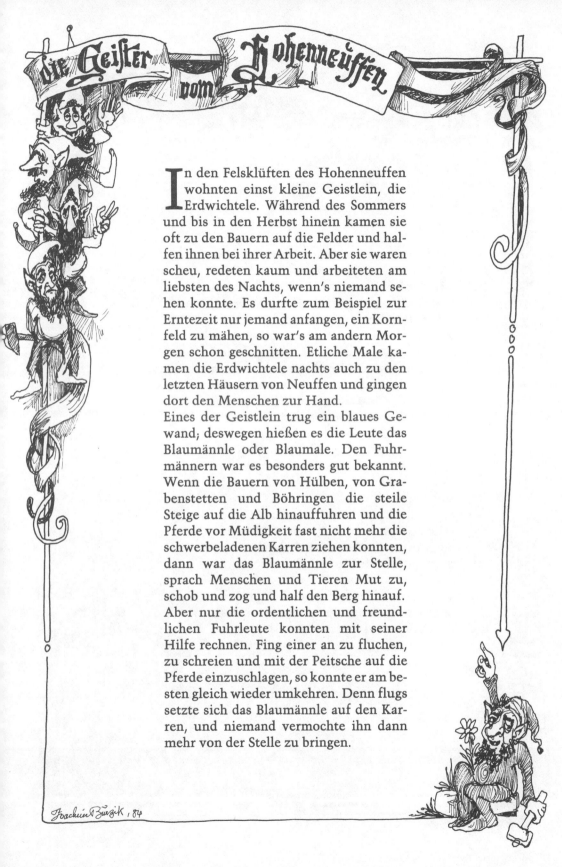

In den Felsklüften des Hohenneuffen wohnten einst kleine Geistlein, die Erdwichtele. Während des Sommers und bis in den Herbst hinein kamen sie oft zu den Bauern auf die Felder und halfen ihnen bei ihrer Arbeit. Aber sie waren scheu, redeten kaum und arbeiteten am liebsten des Nachts, wenn's niemand sehen konnte. Es durfte zum Beispiel zur Erntezeit nur jemand anfangen, ein Kornfeld zu mähen, so war's am andern Morgen schon geschnitten. Etliche Male kamen die Erdwichtele nachts auch zu den letzten Häusern von Neuffen und gingen dort den Menschen zur Hand.

Eines der Geistlein trug ein blaues Gewand; deswegen hießen es die Leute das Blaumännle oder Blaumale. Den Fuhrmännern war es besonders gut bekannt. Wenn die Bauern von Hülben, von Grabenstetten und Böhringen die steile Steige auf die Alb hinauffuhren und die Pferde vor Müdigkeit fast nicht mehr die schwerbeladenen Karren ziehen konnten, dann war das Blaumännle zur Stelle, sprach Menschen und Tieren Mut zu, schob und zog und half den Berg hinauf. Aber nur die ordentlichen und freundlichen Fuhrleute konnten mit seiner Hilfe rechnen. Fing einer an zu fluchen, zu schreien und mit der Peitsche auf die Pferde einzuschlagen, so konnte er am besten gleich wieder umkehren. Denn flugs setzte sich das Blaumännle auf den Karren, und niemand vermochte ihn dann mehr von der Stelle zu bringen.

Der Esel von Neuffen

Es geschah vor vielen Jahren, daß die Festung Hohenneuffen von Feinden belagert wurde. Als die Besatzung jeden Angriff tapfer abwehrte, sollte der Hunger die Verteidiger zwingen, ihre Tore zu öffnen. Die Feinde wachten Tag und Nacht, daß niemand den Burgleuten Nahrungsmittel liefern konnte. Woche um Woche verging, und die Not der Besatzung wurde immer größer. Auch wenn jedem ein Stücklein Brot am Tag reichen mußte, schrumpften die Vorräte zusammen. Bald waren die Neuffener so schwach, daß sie kaum mehr ihre Waffen heben konnten. Aber sie ergaben sich nicht.

Schließlich, als man schon alles Getier, selbst die Katzen, Ratten und Mäuse in der Burg aufgezehrt hatte, blieben nur noch ein Scheffel Korn und ein Esel übrig. Das Grautier hatte in Friedenszeiten das Wasser vom Tal heraufgeschleppt. Jetzt mußte man sich freilich mit der stinkenden Brühe aus der Zisterne begnügen.

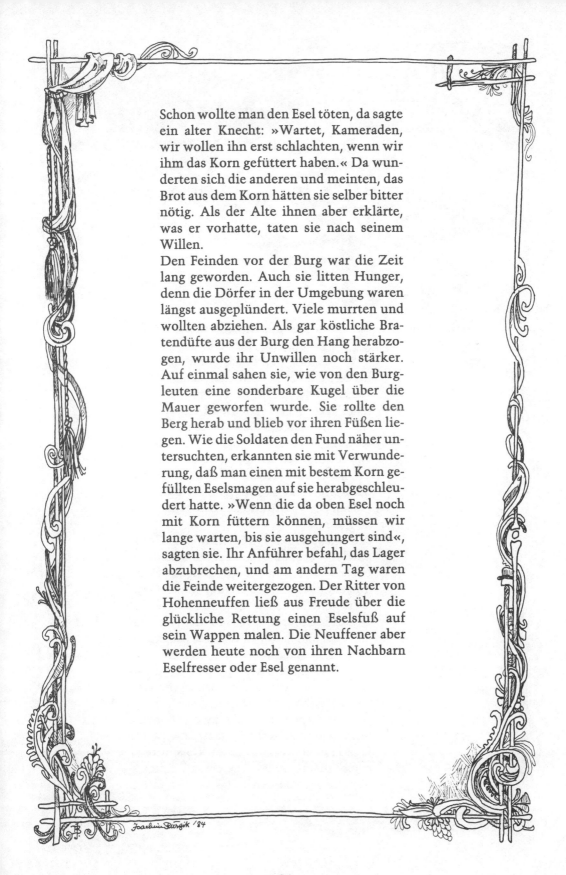

Schon wollte man den Esel töten, da sagte ein alter Knecht: »Wartet, Kameraden, wir wollen ihn erst schlachten, wenn wir ihm das Korn gefüttert haben.« Da wunderten sich die anderen und meinten, das Brot aus dem Korn hätten sie selber bitter nötig. Als der Alte ihnen aber erklärte, was er vorhatte, taten sie nach seinem Willen.

Den Feinden vor der Burg war die Zeit lang geworden. Auch sie litten Hunger, denn die Dörfer in der Umgebung waren längst ausgeplündert. Viele murrten und wollten abziehen. Als gar köstliche Bratendüfte aus der Burg den Hang herabzogen, wurde ihr Unwillen noch stärker. Auf einmal sahen sie, wie von den Burgleuten eine sonderbare Kugel über die Mauer geworfen wurde. Sie rollte den Berg herab und blieb vor ihren Füßen liegen. Wie die Soldaten den Fund näher untersuchten, erkannten sie mit Verwunderung, daß man einen mit bestem Korn gefüllten Eselsmagen auf sie herabgeschleudert hatte. »Wenn die da oben Esel noch mit Korn füttern können, müssen wir lange warten, bis sie ausgehungert sind«, sagten sie. Ihr Anführer befahl, das Lager abzubrechen, und am andern Tag waren die Feinde weitergezogen. Der Ritter von Hohenneuffen ließ aus Freude über die glückliche Rettung einen Eselsfuß auf sein Wappen malen. Die Neuffener aber werden heute noch von ihren Nachbarn Eselfresser oder Esel genannt.

Vom Mutesheer

Wenn der Sturm über das Land brauste, die Äste der Bäume bog und brach, um die Häuser heulte, an den Türen und Fensterläden rüttelte oder gar Ziegel vom Dach riß, dann verkrochen sich die Menschen und flüsterten scheu: »Das Mutesheer ist unterwegs.« Wotans wilde Jagd, so glaubten sie, reite durch die Lüfte. Und wirklich konnte man meinen, in dem Lärm das Stampfen und Wiehern der Rosse, das Gebell der Meute und das Rufen der Jäger zu hören.

Als eines Abends ein Schäfer seine Herde auf der Weide beim Rauber zusammengetrieben hatte, an seinem Karren lehnte und ein lustiges Liedlein auf seiner Klarinette spielte, hörte er plötzlich in der Ferne ein dumpfes Brausen, das rasch näher kam und lauter und lauter wurde. Erschrocken schaute er sich um und sah vom Reußenstein das Wotansheer heranziehen. Im Schein der untergehenden Sonne blitzten die Waffen und Rüstungen. Ängstlich duckte sich der Bursche hinter seinem Karren, denn die wilde Jagd kam genau auf ihn zu. Da spürte er auch schon einen heftigen Luftzug, wurde hochgehoben und weit, weit durch die Lüfte getragen.

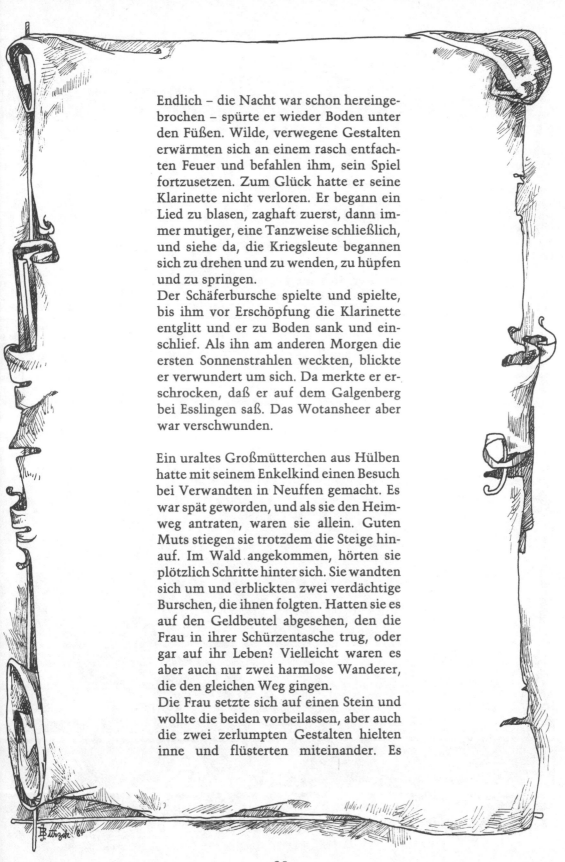

Endlich – die Nacht war schon hereingebrochen – spürte er wieder Boden unter den Füßen. Wilde, verwegene Gestalten erwärmten sich an einem rasch entfachten Feuer und befahlen ihm, sein Spiel fortzusetzen. Zum Glück hatte er seine Klarinette nicht verloren. Er begann ein Lied zu blasen, zaghaft zuerst, dann immer mutiger, eine Tanzweise schließlich, und siehe da, die Kriegsleute begannen sich zu drehen und zu wenden, zu hüpfen und zu springen.

Der Schäferbursche spielte und spielte, bis ihm vor Erschöpfung die Klarinette entglitt und er zu Boden sank und einschlief. Als ihn am anderen Morgen die ersten Sonnenstrahlen weckten, blickte er verwundert um sich. Da merkte er erschrocken, daß er auf dem Galgenberg bei Esslingen saß. Das Wotansheer aber war verschwunden.

Ein uraltes Großmütterchen aus Hülben hatte mit seinem Enkelkind einen Besuch bei Verwandten in Neuffen gemacht. Es war spät geworden, und als sie den Heimweg antraten, waren sie allein. Guten Muts stiegen sie trotzdem die Steige hinauf. Im Wald angekommen, hörten sie plötzlich Schritte hinter sich. Sie wandten sich um und erblickten zwei verdächtige Burschen, die ihnen folgten. Hatten sie es auf den Geldbeutel abgesehen, den die Frau in ihrer Schürzentasche trug, oder gar auf ihr Leben? Vielleicht waren es aber auch nur zwei harmlose Wanderer, die den gleichen Weg gingen.

Die Frau setzte sich auf einen Stein und wollte die beiden vorbeilassen, aber auch die zwei zerlumpten Gestalten hielten inne und flüsterten miteinander. Es schien, als beratschlagten sie, wie sie die beiden Wehrlosen überfallen könnten.

Da erhob sich plötzlich ein Sturm. Das wilde Wotansheer kam über den Berg gefegt und riß die Burschen mit sich, daß sie wild schreiend und in rasender Eile den Berg hinunterliefen.

So rasch der Sturm gekommen, so schnell war er verschwunden. Stille kehrte ein. Die Großmutter erhob sich, nahm ihr Enkelkind bei der Hand, und erleichtert machten sich die beiden auf das letzte Stück ihres Heimwegs.

Der Hexensprung über das Lenninger Tal

Einst hatte der Graf von Württemberg, als er auf seiner Burg Hohenurach zu Gast war, eine wichtige Botschaft an den Kaiser nach Prag zu übermitteln und suchte einen Boten, der innerhalb von acht Tagen wieder zurück sein sollte, um ihm die Antwort zu bringen. Doch keiner der Ritter und Knechte wagte es, den Auftrag zu übernehmen, weil jeder wußte, daß man auch mit dem besten Pferd für eine solche Reise viel länger braucht.

Der Tag verging, ohne daß sich ein Bote meldete, und der Graf war darüber sehr ärgerlich. Am Abend endlich klopfte ein altes Weiblein ans Burgtor. Die Knechte wollten es zuerst nicht einlassen, führten es dann aber doch vor ihren Herrn. Die Frau versprach, des Grafen Wunsch erfüllen zu können. Man lachte sie zuerst aus, aber als sie hoch und heilig beteuerte, es sei ihr ernst, man möge ihr die Botschaft anvertrauen, willigte der Württemberger

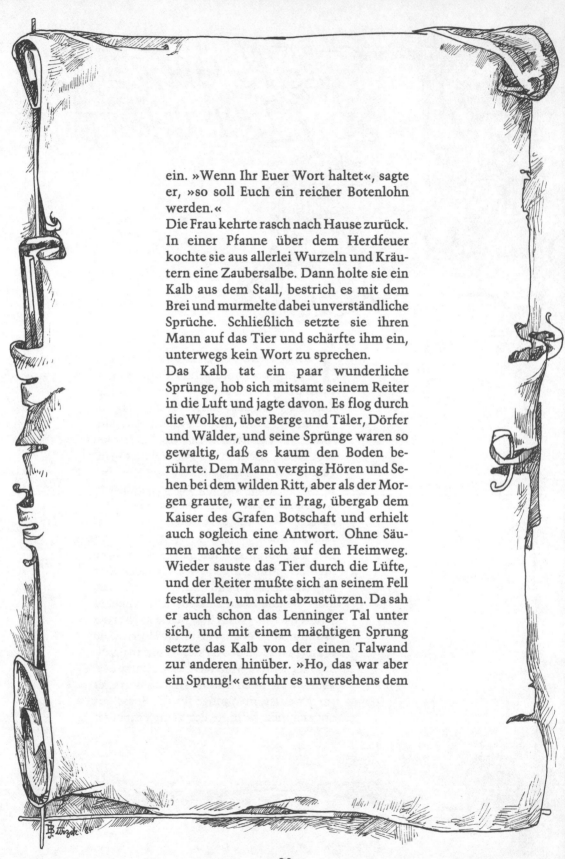

ein. »Wenn Ihr Euer Wort haltet«, sagte er, »so soll Euch ein reicher Botenlohn werden.«
Die Frau kehrte rasch nach Hause zurück. In einer Pfanne über dem Herdfeuer kochte sie aus allerlei Wurzeln und Kräutern eine Zaubersalbe. Dann holte sie ein Kalb aus dem Stall, bestrich es mit dem Brei und murmelte dabei unverständliche Sprüche. Schließlich setzte sie ihren Mann auf das Tier und schärfte ihm ein, unterwegs kein Wort zu sprechen.
Das Kalb tat ein paar wunderliche Sprünge, hob sich mitsamt seinem Reiter in die Luft und jagte davon. Es flog durch die Wolken, über Berge und Täler, Dörfer und Wälder, und seine Sprünge waren so gewaltig, daß es kaum den Boden berührte. Dem Mann verging Hören und Sehen bei dem wilden Ritt, aber als der Morgen graute, war er in Prag, übergab dem Kaiser des Grafen Botschaft und erhielt auch sogleich eine Antwort. Ohne Säumen machte er sich auf den Heimweg. Wieder sauste das Tier durch die Lüfte, und der Reiter mußte sich an seinem Fell festkrallen, um nicht abzustürzen. Da sah er auch schon das Lenninger Tal unter sich, und mit einem mächtigen Sprung setzte das Kalb von der einen Talwand zur anderen hinüber. »Ho, das war aber ein Sprung!« entfuhr es unversehens dem

Mann, – und schon lag er am Boden. Langsam stand er auf und blickte sich um, doch sein Reittier war verschwunden. Alle Knochen taten ihm weh, aber was blieb ihm übrig? Zu Fuß mußte er nach Urach hinabsteigen und dem Grafen des Kaisers Schreiben bringen.
Hätte er geschwiegen, so wäre ihm dies erspart geblieben. Aber der reiche Botenlohn ließ ihn sein Mißgeschick rasch vergessen.

Der Schatz in der Bettelküche

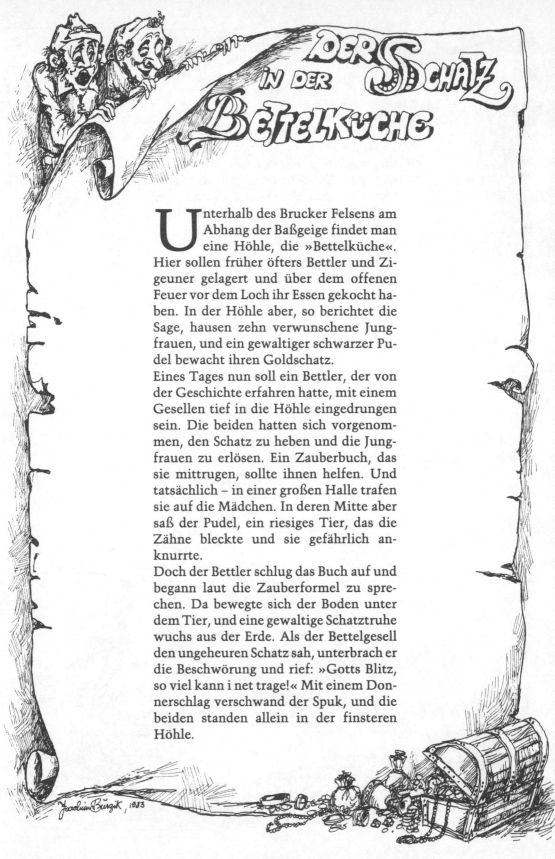

Unterhalb des Brucker Felsens am Abhang der Baßgeige findet man eine Höhle, die »Bettelküche«. Hier sollen früher öfters Bettler und Zigeuner gelagert und über dem offenen Feuer vor dem Loch ihr Essen gekocht haben. In der Höhle aber, so berichtet die Sage, hausen zehn verwunschene Jungfrauen, und ein gewaltiger schwarzer Pudel bewacht ihren Goldschatz.

Eines Tages nun soll ein Bettler, der von der Geschichte erfahren hatte, mit einem Gesellen tief in die Höhle eingedrungen sein. Die beiden hatten sich vorgenommen, den Schatz zu heben und die Jungfrauen zu erlösen. Ein Zauberbuch, das sie mittrugen, sollte ihnen helfen. Und tatsächlich – in einer großen Halle trafen sie auf die Mädchen. In deren Mitte aber saß der Pudel, ein riesiges Tier, das die Zähne bleckte und sie gefährlich anknurrte.

Doch der Bettler schlug das Buch auf und begann laut die Zauberformel zu sprechen. Da bewegte sich der Boden unter dem Tier, und eine gewaltige Schatztruhe wuchs aus der Erde. Als der Bettelgesell den ungeheuren Schatz sah, unterbrach er die Beschwörung und rief: »Gotts Blitz, so viel kann i net trage!« Mit einem Donnerschlag verschwand der Spuk, und die beiden standen allein in der finsteren Höhle.

Die Springwurzel

Auf der Baßgeige, einem Berg zwischen dem Neuffen und der Teck, soll ein wunderliches Kraut wachsen, die Springwurzel. Wer sie besitzt, kann jede Tür und jedes Schloß öffnen und vermag auch Gewitter zu zersprengen und fernzuhalten. Und wer sie in der rechten Tasche mit sich trägt, soll sogar stich- und kugelfest sein.

Wen wundert's, daß schon viele nach der Wurzel suchten. Doch ist die Pflanze so selten und wächst an einem so versteckten Ort, daß keiner sie fand. Ein Jäger aber aus Beuren fing die Sache besonders geschickt an: Er wußte, daß der Wiedehopf alle Pflanzen des Waldes kannte. So streifte er durch die Wälder der Baßgeige, bis er das Nest des Vogels in einer Baumhöhle entdeckte. Schnell versteckte sich der Jäger im Gebüsch und wartete, bis der Wiedehopf ausflog. Dann vernagelte er die Nesthöhle mit einem Brett. Als der Vogel zurückkehrte, fand er sein Loch verschlossen. Da verschwand er wieder, holte die Springwurzel und hielt sie vor die vernagelte Höhle. Kaum hatte er aber das Brett berührt, so sprang es ab, und der Eingang war offen. Damit jedoch das Zauberkraut in keines Menschen Hand kommt, wirft es der Vogel ins nächstbeste Feuer.

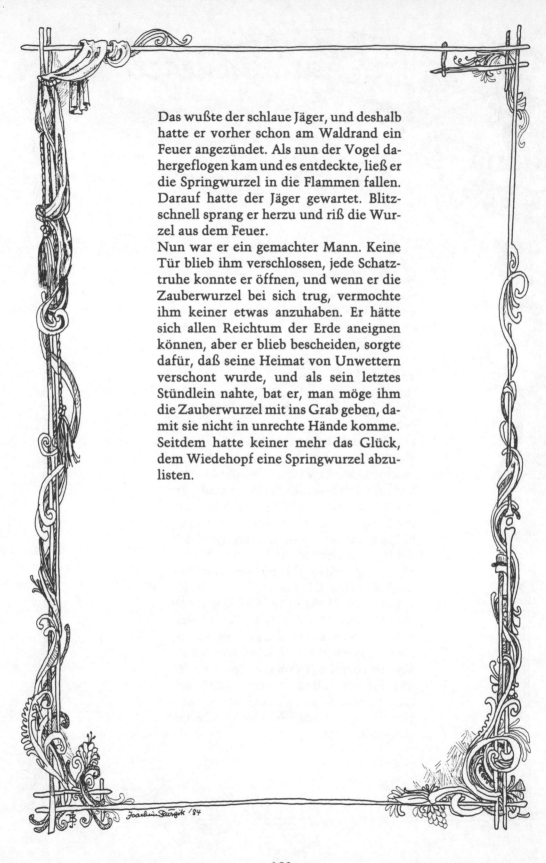

Das wußte der schlaue Jäger, und deshalb hatte er vorher schon am Waldrand ein Feuer angezündet. Als nun der Vogel dahergeflogen kam und es entdeckte, ließ er die Springwurzel in die Flammen fallen. Darauf hatte der Jäger gewartet. Blitzschnell sprang er herzu und riß die Wurzel aus dem Feuer.

Nun war er ein gemachter Mann. Keine Tür blieb ihm verschlossen, jede Schatztruhe konnte er öffnen, und wenn er die Zauberwurzel bei sich trug, vermochte ihm keiner etwas anzuhaben. Er hätte sich allen Reichtum der Erde aneignen können, aber er blieb bescheiden, sorgte dafür, daß seine Heimat von Unwettern verschont wurde, und als sein letztes Stündlein nahte, bat er, man möge ihm die Zauberwurzel mit ins Grab geben, damit sie nicht in unrechte Hände komme. Seitdem hatte keiner mehr das Glück, dem Wiedehopf eine Springwurzel abzulisten.

Das Goldloch bei Schlattstall

Ein alter Schäfer, der auf der Uracher Alb seine Herde hütete, entdeckte eines Tages eine schmale Öffnung im Fels. Neugierig zwängte er sich hindurch und gelangte bald in eine große unterirdische Halle. Hier war es ganz finster und still, nur in weiter Ferne hörte er Wasser rauschen. Er nahm sich vor, am nächsten Tag die Höhle gründlicher zu erforschen, und kehrte zu seinen Schafen zurück.

Mit einem Licht untersuchte er am anderen Morgen die Höhlenwände und entdeckte auch wirklich einen Spalt, durch den er den Weg in eine weitere, größere Halle fand. Ihren Boden bedeckte ein klarer See, in dessen Wasser sich riesengroße Vögel spiegelten. Sie saßen reglos ringsum an den Wänden. Ihre funkelnden Augen starrten ihn an, und ihm schien, als wollten ihre spitzen Schnäbel gleich auf ihn loshacken. Vor Schreck entglitt ihm die Laterne, und das Licht erlosch.

Als sich seine Augen an die Dunkelheit gewöhnt hatten, sah er einen fernen Lichtschimmer, der ihm den Weg zum Höhleneingang wies. Vor Angst zitternd, kroch er darauf zu, und als er endlich wieder ans Tageslicht kam, nahm er sich vor, nie mehr die Höhle zu betreten.

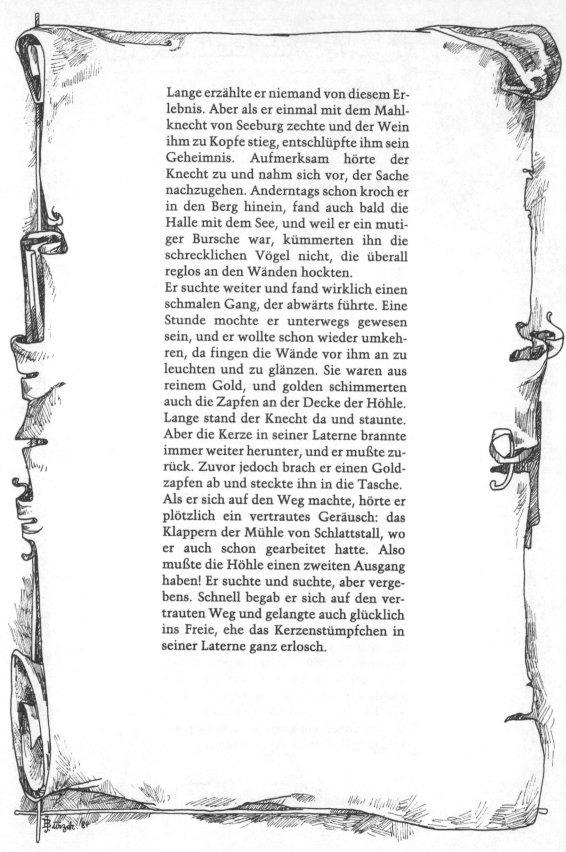

Lange erzählte er niemand von diesem Erlebnis. Aber als er einmal mit dem Mahlknecht von Seeburg zechte und der Wein ihm zu Kopfe stieg, entschlüpfte ihm sein Geheimnis. Aufmerksam hörte der Knecht zu und nahm sich vor, der Sache nachzugehen. Anderntags schon kroch er in den Berg hinein, fand auch bald die Halle mit dem See, und weil er ein mutiger Bursche war, kümmerten ihn die schrecklichen Vögel nicht, die überall reglos an den Wänden hockten.

Er suchte weiter und fand wirklich einen schmalen Gang, der abwärts führte. Eine Stunde mochte er unterwegs gewesen sein, und er wollte schon wieder umkehren, da fingen die Wände vor ihm an zu leuchten und zu glänzen. Sie waren aus reinem Gold, und golden schimmerten auch die Zapfen an der Decke der Höhle. Lange stand der Knecht da und staunte. Aber die Kerze in seiner Laterne brannte immer weiter herunter, und er mußte zurück. Zuvor jedoch brach er einen Goldzapfen ab und steckte ihn in die Tasche. Als er sich auf den Weg machte, hörte er plötzlich ein vertrautes Geräusch: das Klappern der Mühle von Schlattstall, wo er auch schon gearbeitet hatte. Also mußte die Höhle einen zweiten Ausgang haben! Er suchte und suchte, aber vergebens. Schnell begab er sich auf den vertrauten Weg und gelangte auch glücklich ins Freie, ehe das Kerzenstümpfchen in seiner Laterne ganz erlosch.

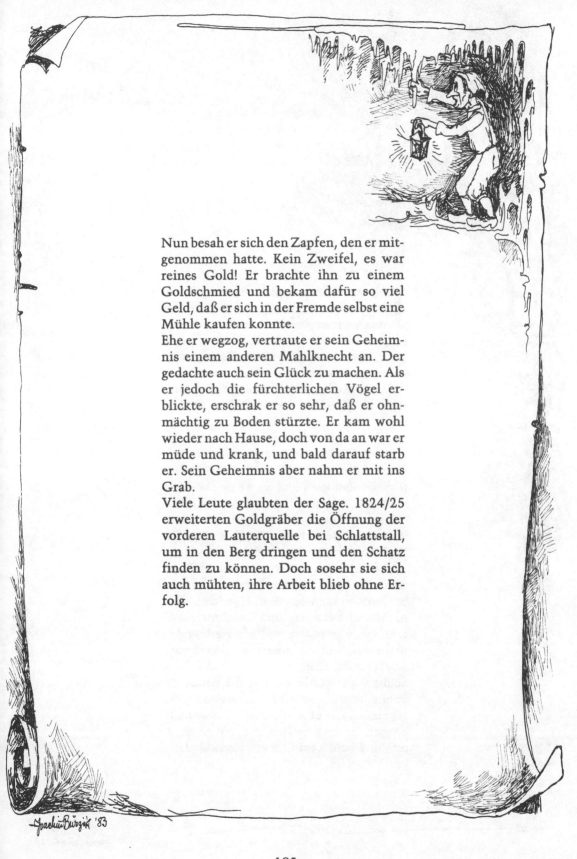

Nun besah er sich den Zapfen, den er mitgenommen hatte. Kein Zweifel, es war reines Gold! Er brachte ihn zu einem Goldschmied und bekam dafür so viel Geld, daß er sich in der Fremde selbst eine Mühle kaufen konnte.

Ehe er wegzog, vertraute er sein Geheimnis einem anderen Mahlknecht an. Der gedachte auch sein Glück zu machen. Als er jedoch die fürchterlichen Vögel erblickte, erschrak er so sehr, daß er ohnmächtig zu Boden stürzte. Er kam wohl wieder nach Hause, doch von da an war er müde und krank, und bald darauf starb er. Sein Geheimnis aber nahm er mit ins Grab.

Viele Leute glaubten der Sage. 1824/25 erweiterten Goldgräber die Öffnung der vorderen Lauterquelle bei Schlattstall, um in den Berg dringen und den Schatz finden zu können. Doch sosehr sie sich auch mühten, ihre Arbeit blieb ohne Erfolg.

Der langnasige Riese von den Teckwäldern

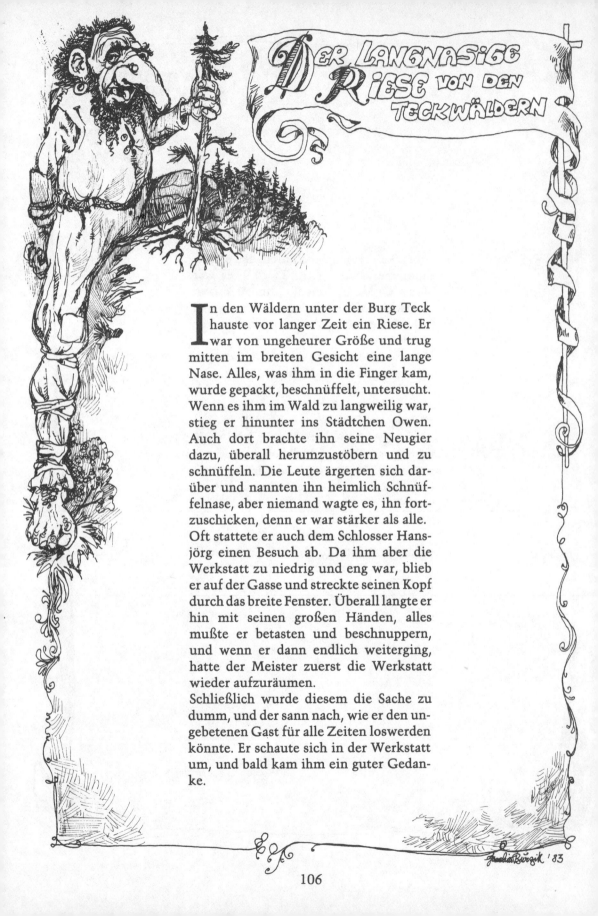

In den Wäldern unter der Burg Teck hauste vor langer Zeit ein Riese. Er war von ungeheurer Größe und trug mitten im breiten Gesicht eine lange Nase. Alles, was ihm in die Finger kam, wurde gepackt, beschnüffelt, untersucht. Wenn es ihm im Wald zu langweilig war, stieg er hinunter ins Städtchen Owen. Auch dort brachte ihn seine Neugier dazu, überall herumzustöbern und zu schnüffeln. Die Leute ärgerten sich darüber und nannten ihn heimlich Schnüffelnase, aber niemand wagte es, ihn fortzuschicken, denn er war stärker als alle.
Oft stattete er auch dem Schlosser Hansjörg einen Besuch ab. Da ihm aber die Werkstatt zu niedrig und eng war, blieb er auf der Gasse und streckte seinen Kopf durch das breite Fenster. Überall langte er hin mit seinen großen Händen, alles mußte er betasten und beschnuppern, und wenn er dann endlich weiterging, hatte der Meister zuerst die Werkstatt wieder aufzuräumen.
Schließlich wurde diesem die Sache zu dumm, und der sann nach, wie er den ungebetenen Gast für alle Zeiten loswerden könnte. Er schaute sich in der Werkstatt um, und bald kam ihm ein guter Gedanke.

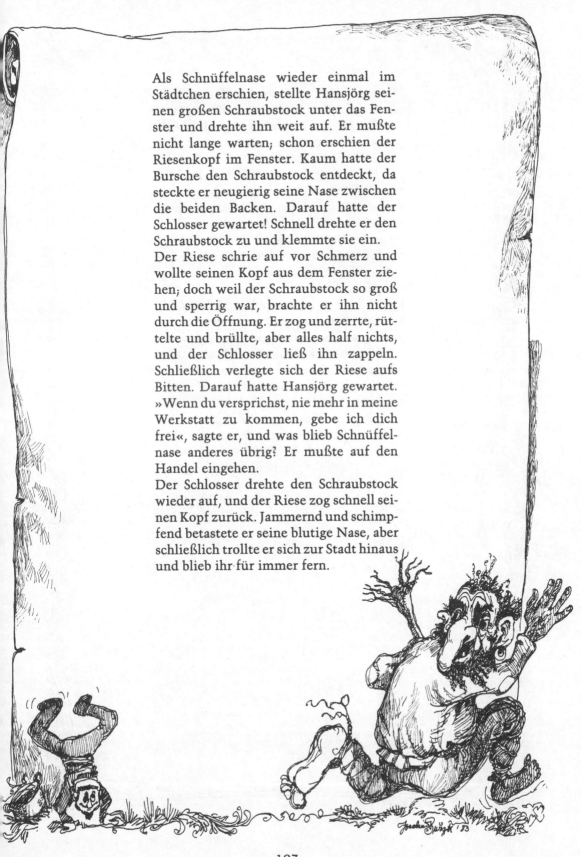

Als Schnüffelnase wieder einmal im Städtchen erschien, stellte Hansjörg seinen großen Schraubstock unter das Fenster und drehte ihn weit auf. Er mußte nicht lange warten; schon erschien der Riesenkopf im Fenster. Kaum hatte der Bursche den Schraubstock entdeckt, da steckte er neugierig seine Nase zwischen die beiden Backen. Darauf hatte der Schlosser gewartet! Schnell drehte er den Schraubstock zu und klemmte sie ein.

Der Riese schrie auf vor Schmerz und wollte seinen Kopf aus dem Fenster ziehen; doch weil der Schraubstock so groß und sperrig war, brachte er ihn nicht durch die Öffnung. Er zog und zerrte, rüttelte und brüllte, aber alles half nichts, und der Schlosser ließ ihn zappeln. Schließlich verlegte sich der Riese aufs Bitten. Darauf hatte Hansjörg gewartet. »Wenn du versprichst, nie mehr in meine Werkstatt zu kommen, gebe ich dich frei«, sagte er, und was blieb Schnüffelnase anderes übrig? Er mußte auf den Handel eingehen.

Der Schlosser drehte den Schraubstock wieder auf, und der Riese zog schnell seinen Kopf zurück. Jammernd und schimpfend betastete er seine blutige Nase, aber schließlich trollte er sich zur Stadt hinaus und blieb ihr für immer fern.

Der Schlosser hatte die Geschichte fast schon vergessen, als er einige Zeit später zur Teckburg hinaufstieg, um dort ein Türschloß wieder in Ordnung zu bringen. Plötzlich stand der Riese vor ihm. In der Hand trug er einen dicken Prügel. Hansjörg durchfuhr der Schreck. Ein Entkommen war unmöglich, ein Zweikampf aussichtslos! In seiner Angst kam ihm ein rettender Gedanke. Schnell stellte er sich auf den Kopf und streckte die Beine in die Luft, daß sie aussahen wie eine riesige Zange.

Und der Riese, der etwas kurzsichtig und einfältig war, dachte nicht darüber nach, ob sich ein Mensch in eine Zange verwandeln könne. Die Erinnerung an seine schmerzende Nase überfiel ihn mit solcher Macht, daß er entsetzt vor der anscheinend drohenden Gefahr zurückwich und im Dickicht verschwand.

Hansjörg konnte seinen Weg ungeschoren fortsetzen. Schnüffelnase aber ward bei uns nie mehr gesehen.

Die Zwerge von Owen

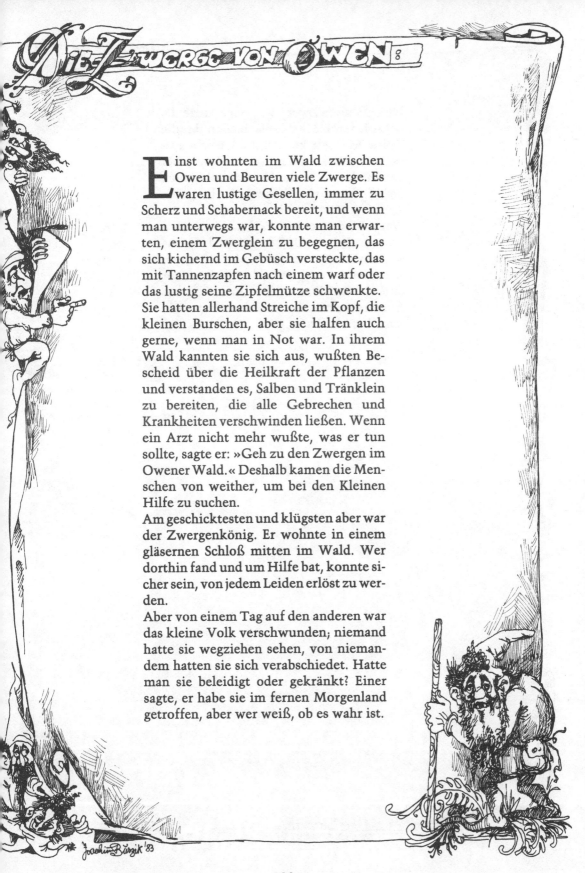

Einst wohnten im Wald zwischen Owen und Beuren viele Zwerge. Es waren lustige Gesellen, immer zu Scherz und Schabernack bereit, und wenn man unterwegs war, konnte man erwarten, einem Zwerglein zu begegnen, das sich kichernd im Gebüsch versteckte, das mit Tannenzapfen nach einem warf oder das lustig seine Zipfelmütze schwenkte. Sie hatten allerhand Streiche im Kopf, die kleinen Burschen, aber sie halfen auch gerne, wenn man in Not war. In ihrem Wald kannten sie sich aus, wußten Bescheid über die Heilkraft der Pflanzen und verstanden es, Salben und Tränklein zu bereiten, die alle Gebrechen und Krankheiten verschwinden ließen. Wenn ein Arzt nicht mehr wußte, was er tun sollte, sagte er: »Geh zu den Zwergen im Owener Wald.« Deshalb kamen die Menschen von weither, um bei den Kleinen Hilfe zu suchen.

Am geschicktesten und klügsten aber war der Zwergenkönig. Er wohnte in einem gläsernen Schloß mitten im Wald. Wer dorthin fand und um Hilfe bat, konnte sicher sein, von jedem Leiden erlöst zu werden.

Aber von einem Tag auf den anderen war das kleine Volk verschwunden; niemand hatte sie wegziehen sehen, von niemandem hatten sie sich verabschiedet. Hatte man sie beleidigt oder gekränkt? Einer sagte, er habe sie im fernen Morgenland getroffen, aber wer weiß, ob es wahr ist.

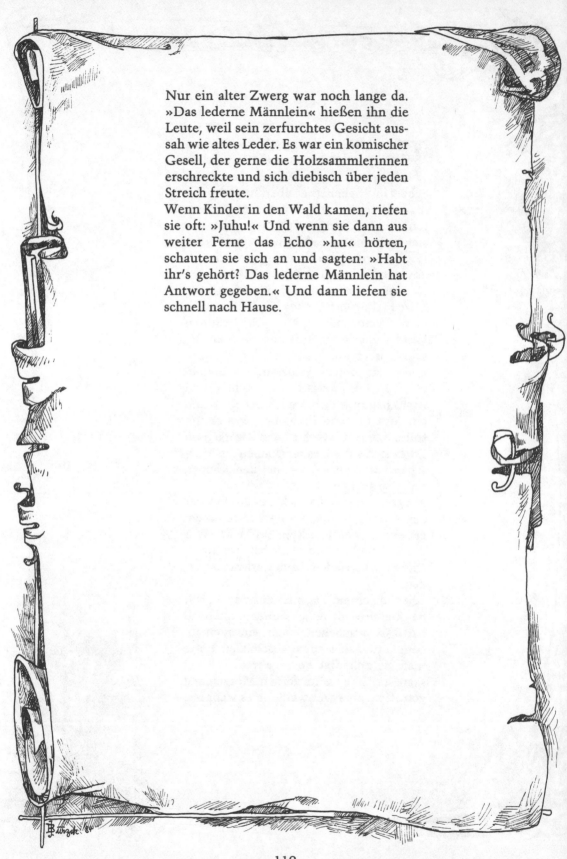

Nur ein alter Zwerg war noch lange da. »Das lederne Männlein« hießen ihn die Leute, weil sein zerfurchtes Gesicht aussah wie altes Leder. Es war ein komischer Gesell, der gerne die Holzsammlerinnen erschreckte und sich diebisch über jeden Streich freute.

Wenn Kinder in den Wald kamen, riefen sie oft: »Juhu!« Und wenn sie dann aus weiter Ferne das Echo »hu« hörten, schauten sie sich an und sagten: »Habt ihr's gehört? Das lederne Männlein hat Antwort gegeben.« Und dann liefen sie schnell nach Hause.

Sibylle von der Teck

Vor uralten Zeiten, so wird erzählt, wohnte in einem prächtigen Felsenschloß auf dem Teckberg eine Frau, die über besondere Fähigkeiten verfügte: Sie hatte die Macht, Krankheiten und Gebrechen zu heilen, und besaß die Gabe, Ereignisse vorhersagen zu können, die anderen Menschen die dunkle Zukunft noch verhüllte.

Sibylle von der Teck hieß die Frau, und da sie ein gütiges Herz hatte, kamen viele zu ihr, um Rat, Trost und Hilfe zu holen. Sie besaß viele Reichtümer und Schätze, und wenn sie Menschen in Not und Armut wußte, so zögerte sie nicht, herzuschenken, was sie entbehren konnte.

Ihre Liebe und Güte schienen unerschöpflich, und die Leute, denen sie beigestanden war, sprachen oft von ihr. Gewiß, sie hatten die Hilfe erhalten, die sie brauchten, aber mit Betroffenheit und leisem Grauen erinnerten sie sich der Augenblicke, in denen Sibylle still und verschlossen ihren Blick auf sie richtete, so, als ob sie durch sie hindurch in eine weite, unbekannte Ferne blickte. Dann wußten sie, daß sie versuchte, zu erkennen, was die Zukunft den Augen der anderen noch verbarg.

Auch in ihrem Aussehen unterschied sie sich von den Bauersfrauen, die sie besuchten. Sie war von hoher, stolzer Gestalt und trug ein einfaches weißes Gewand, das bis zur Erde reichte. Das Besondere an ihr aber waren die Augen, die traurig sein konnten, weil sie oft Kummer und Sorgen der Zukunft erkannten, die aber auch gütig und heiter blicken konnten, wenn Sibylle den verwirrt und unbeholfen gestammelten Dank der Beschenkten entgegennahm.

Die Menschen, die im Land um die Teck wohnten, waren zufrieden und glücklich, bis sich eines Tages zeigte, daß die drei Söhne der weisen Frau nur Böses im Sinne hatten. Sie wohnten zuerst in ihrem Schloß auf dem Wielandstein, bekamen dann aber Streit und schieden im Unfrieden. Der Älteste baute sich auf dem Teckberg eine Burg, der zweite blieb auf dem Wielandstein, und der dritte errichtete eine Burg auf dem Diepoldsfelsen. Eines hatten aber alle drei gemeinsam: Es gefiel ihnen, andere zu berauben, zu ängstigen, zu quälen. Ängstlich verschlossen die

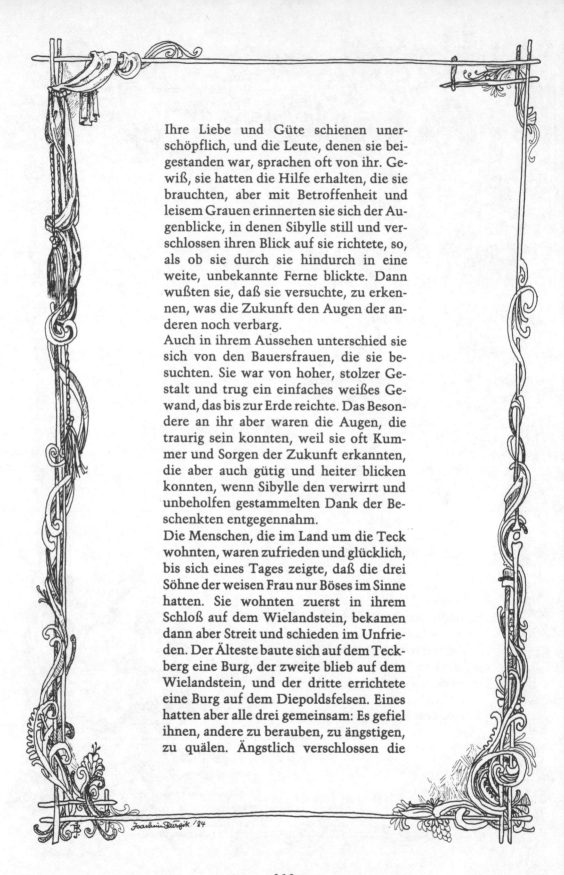

Bauern die Türen, denn sie waren nie sicher vor einem Überfall. Oft mußten sie fronen* und hatten kaum Zeit, die eigenen Felder zu bestellen. Und trug der Acker reiche Früchte, so wurde ihnen der Lohn ihrer Arbeit weggenommen.

Schlimmer noch aber erging es den Kaufleuten, die mit ihren Handelswagen durchs Lenninger Tal zogen. Plötzlich brachen aus Verstecken Kriegsleute hervor, rissen die Knechte von den Wagen, erschlugen und erstachen, was sich wehrte, und führten die Beute in ihre Burg. Die Kaufherren wurden in dunkle Verliese geworfen, wo sie oft lange ausharren mußten, bis ihre Angehörigen Lösegeld zahlten. Und waren diese dazu nicht in der Lage, so mußten die Gefangenen ihr ganzes Leben lang im Kerker schmachten.

Am ärgsten trieb es der Jüngste, der auf dem Diepoldsfelsen hauste. Er war noch habgieriger und grausamer als seine beiden Brüder, und das Volk fürchtete ihn am meisten. Man nannte ihn und seine Burg den Rauber. Er schreckte auch nicht davor zurück, seine eigene Mutter zu bestehlen.

Sibylle schämte sich ihrer mißratenen Söhne. Sosehr sie sich bemühte, das von ihnen begangene Unrecht gutzumachen, so sehr erfüllten sie Kummer und Verzweiflung. Endlich faßte sie den Entschluß, ihre Heimat zu verlassen.

Eines Abends, so wird erzählt, fuhr sie mit einem feurigen Wagen, der von riesigen wilden Katzen gezogen wurde, zum Felsentor hinaus. Durch die Luft ging die Fahrt hinunter ins Tal. Ihre roten Haare flatterten im Fahrtwind und sprühten Funken. Quer über die Talaue lenkte sie den Wagen hinüber nach Beuren, und dort auf einem Hügel wurde sie zum letzten Mal gesehen. Seitdem heißt der Ort »Sibyllenkappel«.

Selbst auf ihrer Flucht tat sie Gutes: Heute noch ist ihre Wagenspur zu sehen, denn dort trägt das Korn mehr Frucht, und sogar das Laub der Bäume und Weinreben, über die sie fuhr, ist das schönste der ganzen Gegend.

Wie ihre Söhne endeten, weiß niemand. Sicher aber haben die Unterdrückten sich schließlich zusammengetan und sich gewehrt, und heute zeugen nur noch traurige Mauerreste von den einst so mächtigen Burgen.

* dem Herrn ohne Lohn dienen

Verena Beutlin

Wenn man von der Teck zum Gelben Felsen wandert, entdeckt man nahe dem Absturz im felsigen Boden ein Loch, eine Öffnung, die, halb eingestürzt, steil in die Tiefe führt. Vor langer Zeit soll sich hier eine traurige Geschichte zugetragen haben.

Zuweilen sah man damals eine dünne Rauchsäule beim Gelben Felsen hochsteigen. Manche entdeckten auch einen Fetzen roten Tuchs, der im Winde flatterte. Man schenkte dem keine Beachtung, war doch leicht erklärbar, daß sich ein Stück Stoff, vom Sturm hingeweht, im Gesträuch verfangen hatte und daß an kalten Tagen die wärmere und feuchte Luft aus den Erdspalten stieg und zu Nebel wurde.

In jener Zeit kamen des öfteren bettelnde Kinder durch die Orte im Lenninger Tal, zwei in Lumpen gekleidete Buben, denen da ein Stück Brot, dort ein Ei oder ein Teller Suppe gereicht wurde. Man fragte sie nach Herkunft und Eltern, erhielt aber immer nur ausweichende Antwort.

Auch ein fremder Mann wanderte oft durch Owen und stieg den Berg hinauf. Doch da er Tragkorb und Haue trug, dachte jeder, daß er einer Arbeit auf dem Teckberg nachzugehen habe.

Keiner ahnte, daß der Mann und die beiden Kinder zusammengehörten und auf dem Weg waren zum Gelben Felsen, wo sie erwartet wurden. Ein böses Schicksal hatte ihnen die Heimat genommen, und nun suchten sie Zuflucht in jenem Erdloch beim Gelben Felsen. Dort hatte die Mutter der Buben, Verena Beutlin, die Höhle so hergerichtet, daß man darin wohnen konnte: An der Felsenwand standen, aus rohen Brettern gezimmert, Tisch und Bank; in der trockenen Ecke befand sich die aus Stroh und Laub aufgeschüttete Lagerstatt, und in der Mitte des Raumes war aus Stein ein Herd errichtet. An Holz zum Heizen und Kochen fehlte es nicht, doch oft an Speisen, die der Vater verdient und die Kinder erbettelt hatten. Verena selbst fürchtete sich vor den Menschen und hütete sorgsam das Geheimnis ihres Verstecks. Aber wenn die Vorräte verbraucht waren, sollte der Vater Nachricht erhalten. Der rote Fetzen Tuch, an Ästen über den Felsen festgebunden, sagte ihm, daß Not in der Höhle eingekehrt sei. Verena konnte auch nicht verhindern, daß der Rauch des Herdfeuers aus dem Felsenspalt hochstieg und von den Leuten im Tal wahrgenommen wurde.

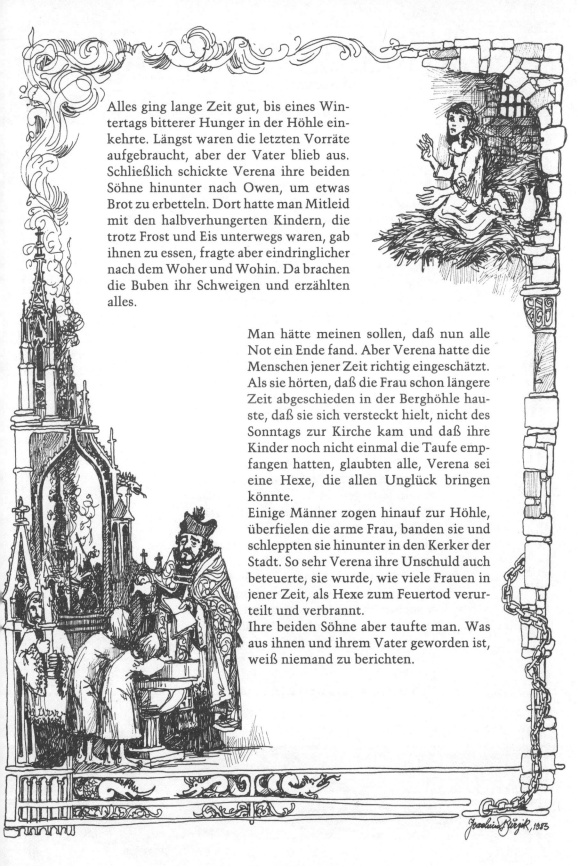

Alles ging lange Zeit gut, bis eines Wintertags bitterer Hunger in der Höhle einkehrte. Längst waren die letzten Vorräte aufgebraucht, aber der Vater blieb aus. Schließlich schickte Verena ihre beiden Söhne hinunter nach Owen, um etwas Brot zu erbetteln. Dort hatte man Mitleid mit den halbverhungerten Kindern, die trotz Frost und Eis unterwegs waren, gab ihnen zu essen, fragte aber eindringlicher nach dem Woher und Wohin. Da brachen die Buben ihr Schweigen und erzählten alles.

Man hätte meinen sollen, daß nun alle Not ein Ende fand. Aber Verena hatte die Menschen jener Zeit richtig eingeschätzt. Als sie hörten, daß die Frau schon längere Zeit abgeschieden in der Berghöhle hauste, daß sie sich versteckt hielt, nicht des Sonntags zur Kirche kam und daß ihre Kinder noch nicht einmal die Taufe empfangen hatten, glaubten alle, Verena sei eine Hexe, die allen Unglück bringen könnte.

Einige Männer zogen hinauf zur Höhle, überfielen die arme Frau, banden sie und schleppten sie hinunter in den Kerker der Stadt. So sehr Verena ihre Unschuld auch beteuerte, sie wurde, wie viele Frauen in jener Zeit, als Hexe zum Feuertod verurteilt und verbrannt.

Ihre beiden Söhne aber taufte man. Was aus ihnen und ihrem Vater geworden ist, weiß niemand zu berichten.

Der Bürglesgeist

Oberhalb des Dorfes Bissingen, dort, wo die Viehweide sich hinaufzieht bis zum Bergwald des Breitensteins, stand einst auf einem kleinen Kegel eine Burg, der Hahnenkamm. Bürgle nennen die Bissinger den Platz, und viele behaupten, dort sei es nachts nicht geheuer, denn einer der Burgleute könne keine Ruhe finden und gehe um. Gesehen hatte den Bürglesgeist wohl noch keiner, aber man mied des Nachts den Ort, und wer in seine Nähe kam, wurde von einem heimlichen Gruseln befallen.

Nun geschah es, daß einmal zwei junge Bissinger bis in die Nacht hinein zechten. Sie fingen an zu prahlen, und um ihren Mut zu beweisen, beschlossen sie schließlich, dem Bürgle einen Besuch abzustatten. Sie berichteten später, sie seien hinaufgestiegen und hätten laut nach dem Bürglesgeist gerufen, aber alles wäre still geblieben. Da sie aber niemand begleitet hatte, bezweifelten viele, was sie erzählten.

Ein Ochsenwanger wollte der Sache auf den Grund gehen. Als er einmal sein Mädchen in Bissingen besuchte und es spät wurde, sagte er beim Abschied, den Heimweg wolle er heute nacht über das Bürgle nehmen, um den Geist dort zu rufen. Das Mädchen erschrak und riet ab, aber das bestärkte nur seinen Entschluß.

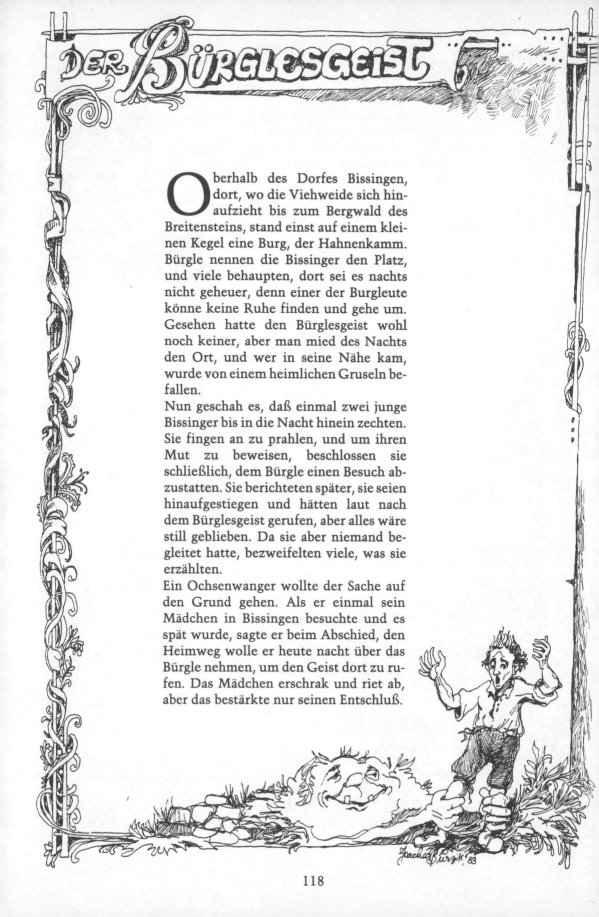

Doch sein Übermut verließ ihn mehr und mehr, als er in der stürmischen Nacht mutterseelenallein zum Wald hinaufstieg und die letzten Lichter im Dorf unter ihm nach und nach erloschen. Am Sattel oben angekommen, dachte er, es reiche wohl auch, von hier aus den Geist zu rufen: »Bürglesgeist, komm, ich bin da!«

Der Wind trug seine Worte hinauf zur Höhe, aber niemand kam; nur die Bäume rauschten lauter als vorher.

Doch plötzlich spürte der Bursche eine eigentümliche Lähmung in den Beinen. Er konnte keinen Schritt mehr vorwärts tun, wenn er sich auch noch so bemühte. Da blieb ihm nichts anderes übrig, als kehrtzumachen und wieder nach Bissingen hinunterzusteigen. In einer alten Scheune fand er ein Nachtlager, und erst im Sonnenlicht des nächsten Tags traute er sich, nach Ochsenwang zurückzukehren.

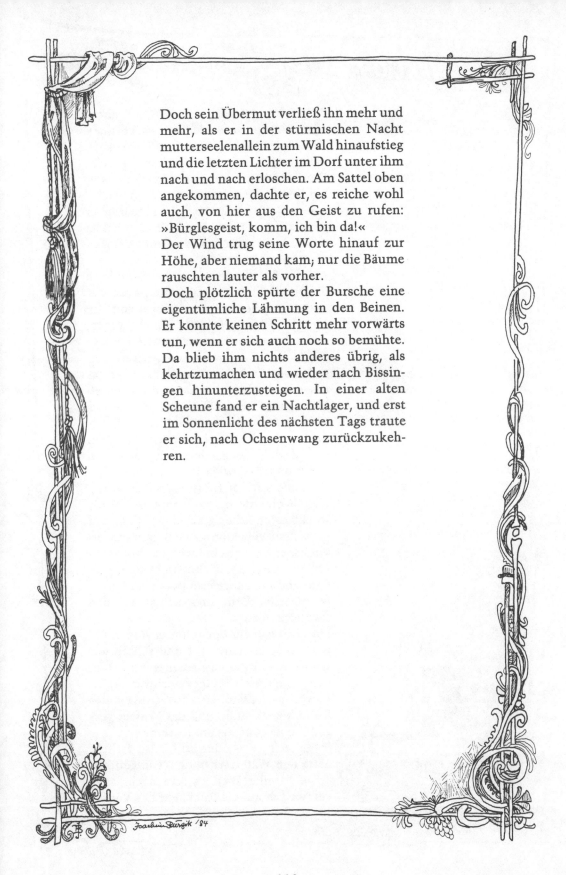

Das Irrlicht beim Schopflocher Hochmoor

Eines Abends vor vielen Jahren klopfte es an die Tür des Torfhauses bei Schopfloch. Die Bäuerin öffnete und ließ einen Wanderer herein. Weil der Mann hungrig und müde war, bot ihm die Frau zu essen und ein Nachtlager. Das bescheidene Mahl nahm er gern zu sich, aber über Nacht bleiben wollte er nicht, denn seine Familie erwartete ihn unten im Tal.

Als der Bauer hörte, daß der Fremde in der Nacht weiterziehen wollte, warnte er und sagte, böse Geister gingen um im Moor und er selbst würde es nicht wagen, in die Finsternis hinauszugehen.

Doch der Wanderer stand wortlos auf, griff nach Sack und Hut, dankte für das Essen und schritt hinaus in die Dunkelheit. Unter seinen Füßen gluckste das Wasser, ein Käuzchen rief, und Fledermäuse huschten wie dunkle Schatten über das bleiche Riedgras. Zuerst schien der Mond und wies ihm den Weg, der quer übers Moor führte. Aber dann zog eine Wolkenwand auf, und es wurde stockfinster. Schon glaubte der Wanderer vom Pfad abgekommen zu sein, da erblickte er vor sich ein Licht, das lustig hin und her schwang. Ich bin nicht allein, andere sind auch noch unterwegs, dachte er, faßte neuen Mut und schritt auf den Lichtschein zu.

Plötzlich gab der Boden unter seinen Füßen nach. Er schrie auf und schlug wie wild um sich, fand aber nirgends Halt. Langsam, ganz langsam verschwand er im Moor, bis schließlich sein verzweifeltes Rufen verstummte und das Wasser gurgelnd über ihm zusammenfloß.

Dann war es wieder still. Das Irrlicht hatte den Wanderer in den Tod geführt. Seine Familie aber wartete noch lange verzweifelt auf die Rückkehr des Vaters.

Die drei Schwestern vom Randecker Hof

Zwischen Randeck und Schopfloch soll früher ein stattlicher Bauernhof gestanden sein. Er war von fruchtbaren Feldern und üppigen Weiden umgeben. Das Gut gehörte drei Schwestern, die es gemeinsam bearbeiteten und verwalteten. Eine der Schwestern aber war blind.

Durch den Verkauf von Korn und Vieh kam viel Geld herein, und die Schwestern pflegten den Erlös am Ende eines jeden Jahres gerecht unter sich aufzuteilen. Da sie bescheiden lebten, wurden sie immer reicher und reicher. Sie hätten eigentlich mit ihrem Schicksal zufrieden sein können, aber wie es so ist – zum Reichtum kamen Habgier und Neid. Die beiden gesunden Schwestern gedachten, die blinde zu betrügen. Als das Jahr wieder einmal zu Ende ging und das Geld verteilt werden sollte, stellten sie drei Kasten auf. Zwei davon füllten sie mit Geld bis zum Rand, den dritten aber, den der Blinden, kehrten sie um, bestrichen den Boden mit Pech und klebten Goldstücke darauf.

Als die Blinde zu ihrem Anteil geführt wurde, betastete sie die Taler. Plötzlich aber blieben ihre feinfühligen Finger am Pech zwischen den Goldstücken hängen. Da wußte sie, daß sie betrogen worden war.

In Wut und Zorn darüber, daß ihre Schwestern ihr nicht einmal gönnten, was sie trotz ihrer Blindheit erarbeitet hatte, stieß sie einen so schrecklichen Fluch aus, daß der Hof samt seinen Menschen und Tieren in die Tiefe sank. Felder und Wiesen aber wurden zu einem wüsten Moor.

Wer heute am Ostermorgen an dem verwunschenen Ort vorbeikommt, kann manchmal in der Tiefe einen Hahn krähen hören.

Die Sage vom Riesen Heim

Hoch oben in einem Felsenloch südlich von Neidlingen hauste einst der Riese Heim, und seine Wohnung hieß man den Heimenstein. Er war so schrecklich groß, daß die Menschen sich strecken mußten, um die Riemen seiner Schuhe anzufassen. Verständlich, daß es ihm in seiner Höhle mit der Zeit zu eng wurde. Er setzte sich hinauf auf den Felsen und blickte hinüber zur anderen Talseite. Dort stieg ein mächtiger Steinklotz aus dem Bergwald empor, der Reußenstein. Er sollte der richtige Bauplatz für seine Burg sein.

Zuerst wollte er aber den Ort näher untersuchen. Doch scheute er die Mühe, ins Tal hinunterzusteigen und nachher den Berghang wieder hochzuklettern. Er machte einen riesigen Schritt über das Tal.

Aber er hatte seine Kraft überschätzt. Sein Fuß glitt aus und fand erst wieder in halber Höhe des Berghangs Halt. Dort jedoch hinterließ er im Fels ein tiefes Loch, den Abdruck seines Stiefels. Ärgerlich zog er den Fuß zurück, da sah er aus dem Gestein eine silberhelle Quelle sprudeln. Das Wasser sprang lustig über einen Felsen ins Tal hinab. Dort floß das Bächlein munter weiter, durch Kirschengärten und Felder, Dörfer und Städtlein, bis es in die Lauter mündete. So entstanden durch den Fehltritt des Riesen Heim die Lindachquelle und der Neidlinger Wasserfall.

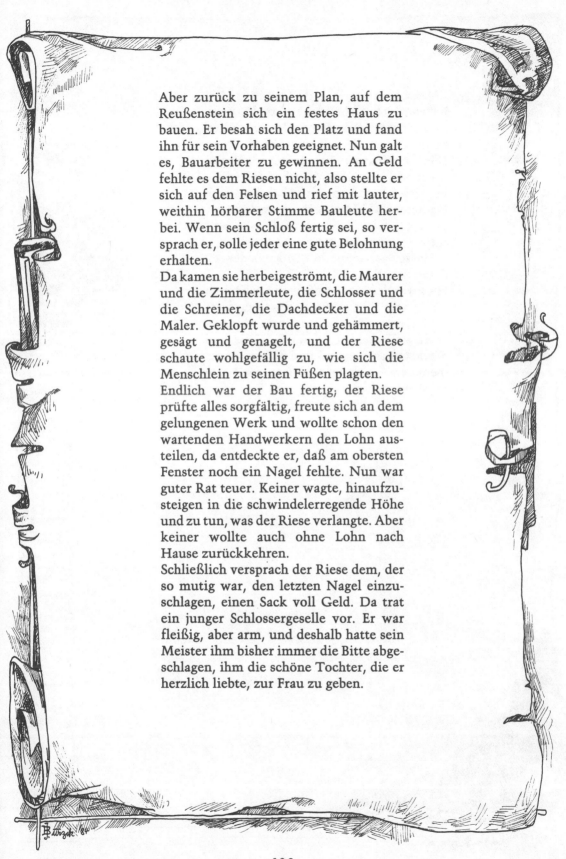

Aber zurück zu seinem Plan, auf dem Reußenstein sich ein festes Haus zu bauen. Er besah sich den Platz und fand ihn für sein Vorhaben geeignet. Nun galt es, Bauarbeiter zu gewinnen. An Geld fehlte es dem Riesen nicht, also stellte er sich auf den Felsen und rief mit lauter, weithin hörbarer Stimme Bauleute herbei. Wenn sein Schloß fertig sei, so versprach er, solle jeder eine gute Belohnung erhalten.

Da kamen sie herbeigeströmt, die Maurer und die Zimmerleute, die Schlosser und die Schreiner, die Dachdecker und die Maler. Geklopft wurde und gehämmert, gesägt und genagelt, und der Riese schaute wohlgefällig zu, wie sich die Menschlein zu seinen Füßen plagten.

Endlich war der Bau fertig; der Riese prüfte alles sorgfältig, freute sich an dem gelungenen Werk und wollte schon den wartenden Handwerkern den Lohn austeilen, da entdeckte er, daß am obersten Fenster noch ein Nagel fehlte. Nun war guter Rat teuer. Keiner wagte, hinaufzusteigen in die schwindelerregende Höhe und zu tun, was der Riese verlangte. Aber keiner wollte auch ohne Lohn nach Hause zurückkehren.

Schließlich versprach der Riese dem, der so mutig war, den letzten Nagel einzuschlagen, einen Sack voll Geld. Da trat ein junger Schlossergeselle vor. Er war fleißig, aber arm, und deshalb hatte sein Meister ihm bisher immer die Bitte abgeschlagen, ihm die schöne Tochter, die er herzlich liebte, zur Frau zu geben.

»Menschenzwerglein, du hast Mut, deshalb will ich dir helfen«, sagte der Riese freundlich, packte den Schlossergesellen behutsam im Genick und hob ihn zum Fenster hinaus. Der Bursche schaute nicht nach unten auf die jäh abstürzende Felswand, sondern griff beherzt nach Hammer und Nagel und schlug drauflos, bis der letzte Balken festsaß. »So ist's recht«, sagte der Riese und stellte den Schlosser vorsichtig in den Kreis der anderen zurück.

Nun war der Jubel groß. Jeder bekam an Lohn, was ihm zustand, unser tapferer Schlossergeselle aber hatte sein Meisterstück vollbracht. Bald waren Haus und Werkstatt sein eigen – und nichts konnte mehr dem Glück der beiden jungen Leute im Wege stehen.

Der Drache auf der Limburg

In uralter Zeit hauste in einem Felsenloch auf der Limburg ein riesiger Drache. Sein Körper war von Schuppen bedeckt, an den Füßen trug er lange, scharfe Krallen. Aus den Nüstern konnte er Feuer und Schwefel sprühen, so daß jeder verbrannte und erstickte, der ihm nahe kam. Wehe aber, wer von seinen scharfen Zähnen gepackt und zerrissen wurde!

Und seine Gier war unersättlich. Wenn er seine Felsenhöhle verließ, bebte die Erde. Dann wußten die Menschen: Der Drache sucht sich wieder ein Opfer. Sie verriegelten die Türen, verkrochen sich in die Keller, flüchteten in die Wälder. Aber der Drache fand sie doch. Jeden Tag waren Opfer zu beklagen, da ein Kind, das vom Spielen nicht mehr zurückkehrte, dort ein alter Mann, der nicht schnell genug fliehen konnte. Fast in jeder Familie der umliegenden Orte, vor allem in Weilheim aber weinte und trauerte man um Angehörige, die man verloren hatte.

Die dauernde Todesgefahr zermürbte die Menschen. Sie trauten sich nicht mehr, ihre Häuser zu verlassen. Manche packten Hab und Gut zusammen und zogen

fort, weit weg von der Limburg, dahin, wo man vor dem Drachen sicher war. Die Felder verwüsteten, das Vieh verdarb, und zu der Todesangst kam bitterer Hunger.

Auch der Kaiser hörte vom Unglück der Menschen, aber keiner seiner Ritter wagte es, dem Untier entgegenzutreten. Da befahl er, man möge dem Drachen jeden Tag zwei Menschen zum Opfer bringen, den einen des Morgens, den anderen des Abends. Durch das Los sollten die Unglücklichen bestimmt werden.

Nun blieb das Untier in seinem Versteck, und man konnte ohne Sorge wieder die Felder bebauen. Im ganzen Land aber zitterten die Menschen jeden Abend, wenn jemand an ihre Tür pochte, denn vielleicht waren es die Boten des Kaisers, die holten, wen das Los als Opfer für den nächsten Tag bestimmt hatte.

Das Gesetz war streng, und ob reich oder arm, jung oder alt, wessen Name gezogen wurde, der mußte hinauf auf die Limburg.

Eines Tages geschah es, daß des Kaisers Tochter selbst an der Reihe war. Und wenn auch ihr Vater die größte Macht im Reiche hatte – er konnte ihr nicht helfen. Da kehrte große Trauer im Land ein. Voll Schmerz und Bitterkeit sahen die Menschen den Wagen durch die Straßen zie-

hen, der das Mädchen zur Limburg brachte. Es sah wunderschön aus. Man hatte es in ein weißes Gewand gehüllt. Sein Gesicht war bleich, seine Augen verweint, aber gefaßt blickte es dem Tod entgegen, und aufrecht schritt es den Pfad hinauf zur Felsenhöhle.

Alles war wie gelähmt; die Vögel hatten aufgehört zu singen, der Wind erstarb, und sogar das Plätschern des Bächleins verstummte. Plötzlich wurde Hufschlag laut. Auf einem Schimmel kam ein Ritter dahergesprengt, wie man noch keinen gesehen hatte. Seine silberne Rüstung glänzte im Sonnenlicht. In der Rechten schwang er eine Lanze, deren Spitze golden schimmerte. Rasch trieb er sein Pferd bergan.

Da bebte die Erde. Der Drache hatte seine Höhle verlassen und erwartete das Opfer. Aber diesmal war es kein von Todesangst gepeinigtes Menschlein, das ihm entgegentrat, sondern ein tapferer Kämpfer. Und nun begann ein erbitterter Streit.

Der Ritter sprang vom Pferd und suchte hinter seinem Schild Schutz vor dem alles versengenden Feueratem des Tieres. Geschickt wich er den wütenden Hieben der Tatzen aus.

Lange währte der Kampf, doch allmählich wurden die Bewegungen des Drachen langsamer. Da plötzlich sprang der Ritter blitzschnell vor und stieß seine Lanze ins Herz des Untiers. Ein breiter Strom von Blut brach aus dem mächtigen Körper, der sich noch einmal aufbäumte und dann niederstürzte.

Welch ein Jubel brach aus! Die Menschen umarmten sich und weinten vor Freude, denn sie waren von Angst und Not erlöst. Als aber die Tochter des Kaisers ihrem Retter danken wollte, war er verschwunden. Still und unbemerkt hatte er sich auf sein Pferd geschwungen und war davongeritten.

Die einen sagen, der fremde Ritter sei der heilige Georg gewesen, andere meinen, der Erzengel Michael selbst habe den Drachen besiegt, und ihm zu Dank und Ehren bauten die Menschen auf dem Gipfel der Limburg eine Kapelle.

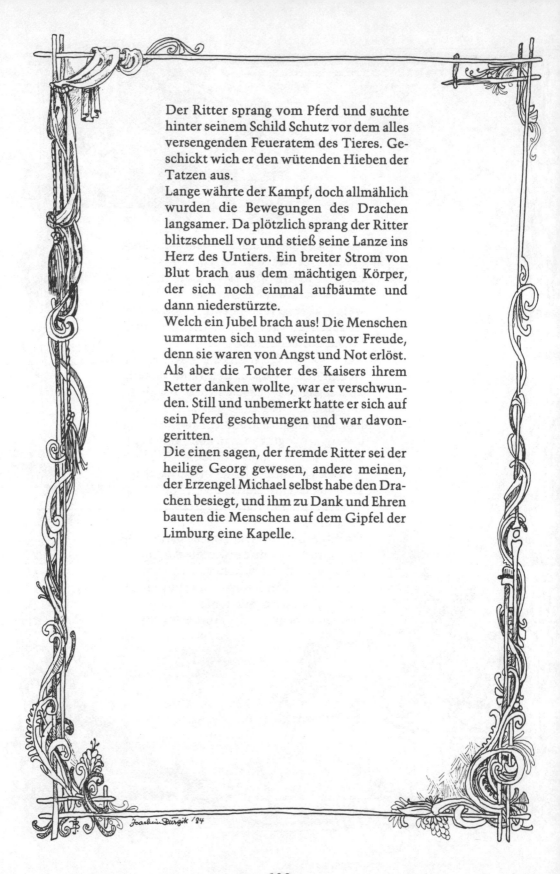

NACHWORT

Als Ernst Meier, Professor der morgenländischen Sprachen an der Universität Tübingen, sich mit »stiller Freude« und großem Eifer daranmachte, die Umgebung seiner Heimat zu bereisen und vom »Landvolk« sich Sagen und Märchen erzählen zu lassen, stieß er oft auf Unverständnis, etwa bei einer Bäckersfrau, die auf eine diesbezügliche Frage zur Antwort gab: »Noi, Sage hent mr koine, aber Wecke!« Oder bei jenem Schäfer, der, nachdem er dem Herrn Professor allerhand »altes Gesag« erzählt hatte, plötzlich stutzig wurde über die gespannte Aufmerksamkeit seines gebildeten Zuhörers und fragte: »Aber Herr, glaubet denn Sia so Lumpesächle no?«

Seine Sammlung »Deutsche Sagen, Sitten und Gebräuche aus Schwaben«, 1852 herausgegeben, fand damals ein unerwartet gutes Echo. Und wir lesen sie auch heute noch gern, die »Lumpesächle«, erzählen sie uns doch auf schlichte, aber eindringliche Weise von Geschehnissen der Vergangenheit, die unsere Vorfahren zu mancherlei Deutung veranlaßten, von den Beziehungen jener Menschen zu den Kräften der Natur, von ihrem naiven Verständnis von Gut und Böse, von Recht und Unrecht.

Die Sagen berichten immer von außergewöhnlichen Geschehnissen, die von Generation zu Generation mündlich überliefert wurden. Oft liegt ihnen ein wirkliches Ereignis zugrunde, das man weitererzählte, ausschmückte und erklärte. Meist waren auffallende Naturerscheinungen, etwa Gewitter, Stürme (Mutesheer), Besonderheiten der Landschaft, Felsen, Quellen, Höhlen (Lindachquelle, Goldloch), Reste alter Siedlungen (Waldhäuser Schloß, Heidengraben) Anlaß zu solcher Sagenbildung. Aber auch Persönlichkeiten, deren Einfluß oder Schicksal sie emporhob über die Masse ihrer Zeitgenossen, wurden zu Gestalten der Sage (Sibylle, Verena Beutlin, der Postmichel), und es ist interessant, Mutmaßungen darüber anzustellen, wie gerade diese Sagen entstanden sein mögen.

Am bedeutsamsten ist die Gestalt der Sibylle, die einmal als gütige und hilfreiche Fürstin, zum andern als geheimnisvolle Prophetin und schließlich als dämonische Frau dargestellt wird. Die Sage hat ihren Ursprung wohl in sehr früher, wahrscheinlich in vorgeschichtlicher Zeit. Die Lage der Teck und vor allem ihr Name deuten darauf hin, daß der Berg bereits in keltischer Zeit besondere Bedeutung hatte. Vielleicht war damals dort oben ein Heiligtum, das von einer Priesterin versorgt wurde, deren prophetische Wirksamkeit in der Sagengestalt weiterlebte. Auch nach der Besiedlung des Raumes durch die Alemannen mag die Teck ein Kultort gewesen sein, der der Muttergöttin Freia geweiht war, weisen doch viele Züge der Sibylle, ihre Höhlenwohnung, in der sie Schätze hütete, ihre segnende Güte, aber auch daß sie in einem von Katzen gezogenen Wagen durch die Lüfte fuhr, auf eine solche Beziehung hin.

Nach der Christianisierung war es üblich, daß solche Kultorte in christliche Heiligtümer verwandelt wurden. An die Stelle der Erdmutter Freia trat oft die Himmelskönigin Maria. Dieser Versuch, Bestandteile des alten heidnischen Glaubens der neuen Lehre anzupassen, um den Menschen den Übertritt zum Christentum zu erleichtern, geschah parallel zu einer Verteufelung alter heidnischer Gepflogenheiten. Aus manchen Opferstätten wurden Hexentanzplätze, aus weisen Frauen Wahrsagerinnen und Hexen, die mit dem Teufel im Bunde waren. Der feurige Wagen, die schwarzen Katzen und die im Sturmwind flatternden funkensprühenden Haare lassen den Schluß zu, daß auch die Sagengestalt der Sibylle eine solche Verfemung erfahren sollte. Daß sie aber im Volksbewußtsein die gütige Prophetin blieb, die mit ihren überirdischen Fähigkeiten den Menschen nur helfen wollte, ist erstaunlich.

Ebenso verwunderlich ist, daß kein christliches Heiligtum auf dem Teckberg nachzuweisen ist. Doch hat möglicherweise der spätere Bau der mittelalterlichen Burganlage ein solches Bauwerk verdrängt.

Bereits 1898 wurden nach eifriger und gründlicher Forschung in der Sibyllenhöhle eine Menge Tierreste, vor allem Knochen und Zähne von Höhlenbären und Höhlenlöwen, gefunden, aber der Nachweis, daß Menschen längere Zeit hier gewohnt hatten, konnte nicht erbracht werden. Rätselhaft indes blieb bis in jüngste Zeit die Erscheinung der »Sibyllenspur«, jene Erscheinung, die als deutlich markierte Doppellinie wie mit dem Lineal gezogen das Lautertal südlich von Dettingen in spitzem Winkel durchquert. Sie wird im Frühsommer sichtbar, weil an dieser Stelle die Vegetation üppiger ist. Verschiedene Deutungen wurden versucht. Kürzlich durchgeführte Grabungen ergaben eindeutig, daß in vorgeschichtlicher Zeit von Menschen Gräben ausgehoben worden waren, die 1.40 m und 0,90 m tief reichten und später mit humusreichem Material angefüllt wurden. Da diese Humusschicht nährstoffreicher ist und mehr Feuchtigkeit speichert als die umgebende Kiesschicht, erklärt sich der üppigere Pflanzenwuchs. Lange umstritten war bisher die Begründung der baulichen Maßnahme, die doch großen Aufwand erforderte. Man neigt heute dazu, die Sibyllenspur als Rest einer römischen Befestigungsanlage zu deuten, als ein Grabensystem, das später aufgefüllt wurde. Welche strategische Bedeutung es hatte, ist allerdings noch nicht eindeutig geklärt.

Eigenartigerweise steht ebenfalls eine Frau im Mittelpunkt jener Sage, deren Ort auch auf dem Teckberg, also ganz in der Nähe des Sibyllenlochs, zu finden ist. Der Name Verena Beutlin deutet darauf hin, daß diese Sage jüngeren Ursprungs ist. Es erscheint durchaus möglich, daß in einer Zeit religiöser Bedrängnis Menschen sich in den Höhlen und Wäldern verbergen mußten, um den Nachstellungen und Beschuldigungen fanatischer Zeitgenossen zu entgehen.

Daß jene Frau den Namen Verena trug, mag Zufall sein. Anders folgert Koch, der der Meinung ist, daß Verena, eine Schutzheilige des Bistums Konstanz, oft mit der Himmelskönigin Maria zusammen genannt worden sei und wie jene in Verbindung gebracht werden könne mit Freia.

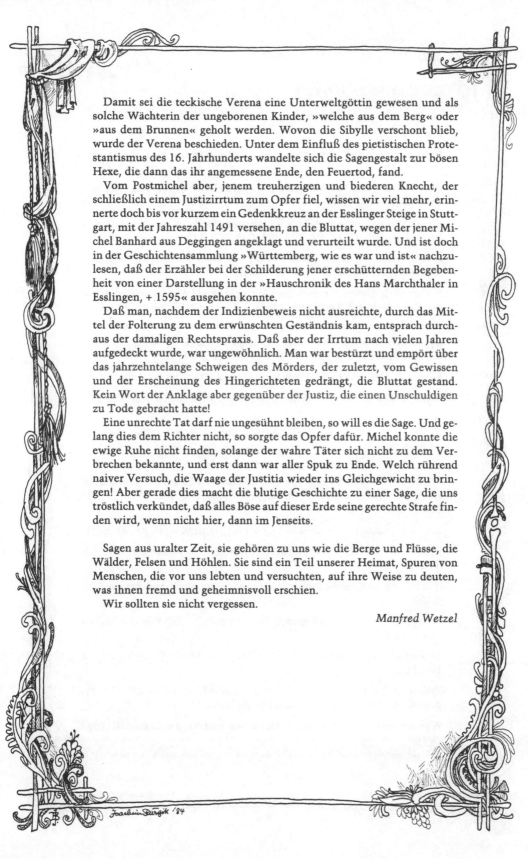

Damit sei die teckische Verena eine Unterweltgöttin gewesen und als solche Wächterin der ungeborenen Kinder, »welche aus dem Berg« oder »aus dem Brunnen« geholt werden. Wovon die Sibylle verschont blieb, wurde der Verena beschieden. Unter dem Einfluß des pietistischen Protestantismus des 16. Jahrhunderts wandelte sich die Sagengestalt zur bösen Hexe, die dann das ihr angemessene Ende, den Feuertod, fand.

Vom Postmichel aber, jenem treuherzigen und biederen Knecht, der schließlich einem Justizirrtum zum Opfer fiel, wissen wir viel mehr, erinnerte doch bis vor kurzem ein Gedenkkreuz an der Esslinger Steige in Stuttgart, mit der Jahreszahl 1491 versehen, an die Bluttat, wegen der jener Michel Banhard aus Deggingen angeklagt und verurteilt wurde. Und ist doch in der Geschichtensammlung »Württemberg, wie es war und ist« nachzulesen, daß der Erzähler bei der Schilderung jener erschütternden Begebenheit von einer Darstellung in der »Hauschronik des Hans Marchthaler in Esslingen, + 1595« ausgehen konnte.

Daß man, nachdem der Indizienbeweis nicht ausreichte, durch das Mittel der Folterung zu dem erwünschten Geständnis kam, entsprach durchaus der damaligen Rechtspraxis. Daß aber der Irrtum nach vielen Jahren aufgedeckt wurde, war ungewöhnlich. Man war bestürzt und empört über das jahrzehntelange Schweigen des Mörders, der zuletzt, vom Gewissen und der Erscheinung des Hingerichteten gedrängt, die Bluttat gestand. Kein Wort der Anklage aber gegenüber der Justiz, die einen Unschuldigen zu Tode gebracht hatte!

Eine unrechte Tat darf nie ungesühnt bleiben, so will es die Sage. Und gelang dies dem Richter nicht, so sorgte das Opfer dafür. Michel konnte die ewige Ruhe nicht finden, solange der wahre Täter sich nicht zu dem Verbrechen bekannte, und erst dann war aller Spuk zu Ende. Welch rührend naiver Versuch, die Waage der Justitia wieder ins Gleichgewicht zu bringen! Aber gerade dies macht die blutige Geschichte zu einer Sage, die uns tröstlich verkündet, daß alles Böse auf dieser Erde seine gerechte Strafe finden wird, wenn nicht hier, dann im Jenseits.

Sagen aus uralter Zeit, sie gehören zu uns wie die Berge und Flüsse, die Wälder, Felsen und Höhlen. Sie sind ein Teil unserer Heimat, Spuren von Menschen, die vor uns lebten und versuchten, auf ihre Weise zu deuten, was ihnen fremd und geheimnisvoll erschien.

Wir sollten sie nicht vergessen.

Manfred Wetzel

QUELLENNACHWEISE*

Binder, W.: Alemannische Volkssagen, Geschichten und Märchen. Stuttgart 1842 (S. 48)

Birlinger, Anton: Volkstümliches aus Schwaben. Freiburg im Breisgau 1861 (S. 48)

Brüstle, Hans: Das Wilde Heer. Die Sagen Baden-Württembergs. Freiburg im Breisgau 1977 (S. 86)

Brustgi, Franz G.: Sagen und Schwänke von der Schwäbischen Alb. Konstanz (S. 87, 90, 91, 92, 97, 100, 101, 106, 109, 111, 115, 121, 122, 125)

Brustgi, Franz G.: Sagen und Schwänke vom Neckar und Unterland. Konstanz (S. 5, 22, 48, 50, 51, 71, 75, 76, 85)

Fischer, K. J.: Unsere Heimat. Zur Geschichte und Heimatkunde von Stadt und Kreis Esslingen. Esslingen 1949 (S. 5, 14, 15, 18, 22, 24, 26, 27, 29, 31, 33, 35)

Kapff, Rudolf: Schwäbische Sagen. Stuttgart 1926 (S. 5, 18, 22, 48, 50, 51, 52, 58, 62, 66, 81, 83, 90, 91, 92, 94, 97, 115)

Kocher, J.: Geschichte der Stadt Nürtingen (S. 77)

Lohss, Hedwig: Alt-Stuttgarter Geschichten und Sagen. Stuttgart 1960 (S. 5)

Mayer, Carl: Sagen um Teck und Neuffen. Kirchheim/Teck (erstmals 1940) (S. 40, 42, 45, 52, 54, 58, 62, 64, 66, 69, 72, 77, 79, 81, 87, 92, 94, 97, 101, 103, 106, 109, 111, 115, 118, 120, 121, 122, 125)

Meier, Ernst: Deutsche Sagen, Sitten und Gebräuche aus Schwaben. Stuttgart 1852 (S. 66, 71, 75, 76, 83, 85, 86, 92, 100, 101, 106, 111, 121, 122, 125)

Petzoldt, Leander: Schwäbische Sagen. Düsseldorf/Köln (S. 86, 92, 101)

Peukert, Will-Erich: Deutsche Sagen II, Mittel- und Oberdeutschland. Berlin 1962

Reiff, Fritz: Neckartenzlingen einst und jetzt. Neckartenzlingen 1959 (S. 69)

Rombach, Otto: Der Postmichel. (In Merianheft 1/XXVII »Esslingen«) Hamburg (S. 5)

Schmid-Ebhausen: Schwäbische Volkssagen. Stuttgart (S. 18, 22, 57, 58, 101, 122)

Walter, H. Erich: Das Ortsbuch von Plattenhardt. Ludwigsburg 1969 (Sagenteil von Siegfried Michel nach Martin Bürkle) (S. 35, 37)

Weitbrecht, Carl: Württemberg, wie es war und ist. Band I und III. 1898 (S. 18)

* Die nach den Quellen genannten Seitenzahlen bezeichnen die Texte des vorliegenden Bandes.

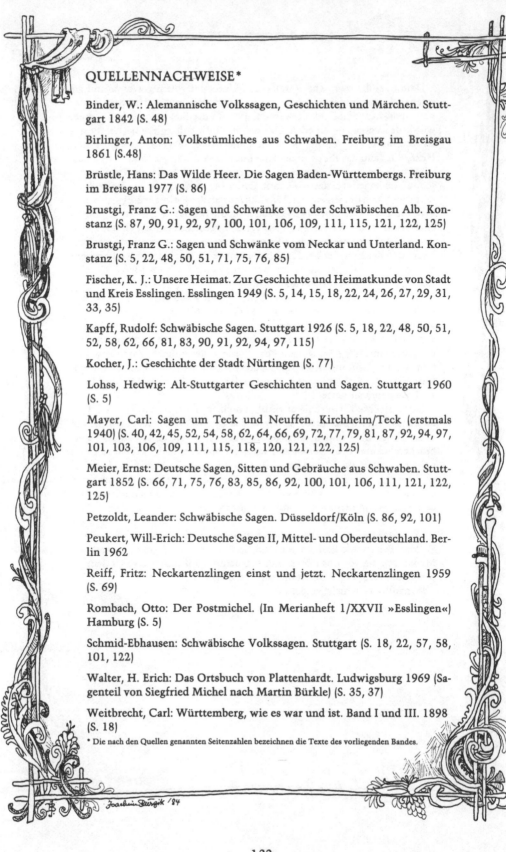

INHALT

ESSLINGEN UND SCHURWALD	Der Esslinger Postmichel, Seite 5
	Das Krokodil im Spitalkeller, Seite 14
	Das Schwarze Keltermännle, Seite 15
	Das Mädchen von Esslingen, Seite 18
	Die Katharinenlinde, Seite 22
	Der Esslinger Zwiebel, Seite 24
	Das Keltermännle von Zell, Seite 26
	Der Diebsbrunnen im Esslinger Wald, Seite 27
	Am Holderstein bei Hohengehren, Seite 29
	Schlappohrle am Weißen Stein, Seite 31
SCHÖNBUCH UND FILDER	Die Steinkreuze bei den Sieben Linden, Seite 33
	Der Schwarze Tod von Plattenhardt, Seite 35
	Das Dätschlerne Weible, Seite 37
	Der Haugeist, Seite 40
	Der böse Mann im Schnecken, Seite 42
	Die Edelfrau im Schopf, Seite 45
	Das Silberglöcklein auf der Weißenburg, Seite 48
	Der ewige Jäger, Seite 50
	Der Riese von der Federlesmahd, Seite 51
	Der Geisterbanner von Grötzingen, Seite 52
	Der Liebesbrunnen bei Wolfschlugen, Seite 54
	Das versunkene Schloß von Waldhausen, Seite 57
	Herzog Ulrich und der Pfeifer von Hardt, Seite 58
	Die Kanonen von Grötzingen, Seite 62
	Das Stadtsäule von Grötzingen, Seite 64
NECKAR UND ALBVORLAND	Die Wasserfräulein von Hammetweil, Seite 66
	Die Schleiermadel, Seite 69
	Das Hardtmännle, Seite 71
	Der Brezelbäcker von Altenriet, Seite 72
	Der Turmgeist, Seite 75
	Die Schlange am Höllenbach, Seite 76
	Annamadele, Seite 77
	Der blinde Geiger und das Kirchheimer Kloster, Seite 79
	Der Rotgockel von Ötlingen, Seite 81
	Die Sauglocke, Seite 83
	Am Schinderbach bei Plochingen, Seite 84
	Die goldene Kröte, Seite 85
	Die Eisenbahn und der Teufel, Seite 86

ALBRAND Zwerg Gürtelknopf auf dem Florian, Seite 87
Der goldene Sarg, Seite 90
Die Geister vom Hohenneuffen, Seite 91
Der Esel von Neuffen, Seite 92
Vom Mutesheer, Seite 94
Der Hexensprung über das Lenninger Tal, Seite 97
Der Schatz in der Bettelküche, Seite 100
Die Springwurzel, Seite 101
Das Goldloch bei Schlattstall, Seite 103
Der langnasige Riese von den Teckwäldern, Seite 106
Die Zwerge von Owen, Seite 109
Sibylle von der Teck, Seite 111
Verena Beutlin, Seite 115
Der Bürglesgeist, Seite 118
Das Irrlicht beim Schopflocher Hochmoor, Seite 120
Die drei Schwestern vom Randecker Hof, Seite 121
Die Sage vom Riesen Heim, Seite 122
Der Drache auf der Limburg, Seite 125
Nachwort, Seite 129
Quellennachweise, Seite 132

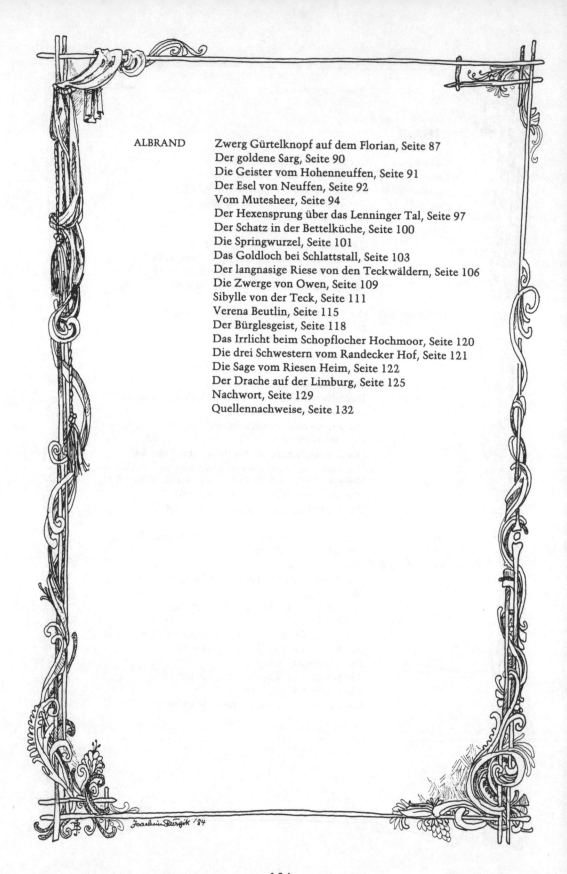

2. verbesserte Auflage 1988
© 1984 Schwabenverlag AG, Ostfildern bei Stuttgart
Herstellung: Schwabenverlag AG, Ostfildern
ISBN 3-7966-0652-0

Der Landkreis Esslingen

mit den für diese Sagensammlung wichtigen Ortschaften.